名古屋

MAP

付録 街歩き地図

名古屋

★ 庄内緑地 P.28

名鉄一宮駅 清洲JCT 楠JCT 小牧駅

清洲JCT 清洲西IC
岐阜羽島駅 須ヶ口駅 尾張一宮駅 清洲JCT 犬山駅
名鉄津島線 木田駅 丸ノ内駅 須ヶ口駅 新川橋駅 清須市 下小田井駅 R 本店 鯱乃家 P.
あま市 甚目寺北IC 勝川駅 北区
七宝駅 枇杷島駅 P.127 櫛留商店 S
名古屋第二環状自動車道 庄目寺駅 西枇杷島駅 西区 P.127 P.26 千種公園
名鉄津島線 P.130 ミッシェル・ブラン S 東枇杷島駅 S 山勝染工 P.26 千種公
甚目寺南IC P.4-5 大曽根駅
大治北IC P.127 末廣堂 S P.98 Reminiscence
大治町 P.38 トヨタ産業技術記念館 ★ ★ 名古屋城 P.22/P.60
P.87 豊國神社 卍 中村 P.8-9 P.27/P.66 徳川園 P.6-7
公園 P.49 中部電力 MIRAI TOWER ★ P.113 喫茶ユキ C
P.87 名古屋市秀吉清正記念館 ★ 東区
大治南IC P.34 ミッドランドスクエア ★ 中区 P.10-11 P.112
四日市JCT P.119 KAKO BUCYO COFFEE C 名古屋駅 P.56 味仙 今池本店
名古屋西JCT 5 中村区 ささしまライブ駅 卍 大須観音 P.26/P.8
P.138 名古屋プリンスホテル 米野駅 2 鶴舞公
スカイタワー H 黄金駅 R P.12-13 鶴舞駅 TSUR
東名阪自動車道 千音寺南IC コートヤード・バイ・マリオット名古屋 烏森駅 P.107 炭焼 GARD
蟹江IC 近鉄八田駅 小本駅 H 山王駅 うな富士 R P.30
蟹江町 春田駅 P.30 昭和
桑名JCT 富田IC 八田駅 名古屋臨海高速鉄道 P.95 松重閘門 ★ 金山 P.16
近鉄名古屋線 あおなみ線 荒子駅 金山 名古屋市博物館 ★
近鉄蟹江駅 戸田駅 東海道 中川区 尾頭橋駅 金山駅 P.84
名古屋第二環状自動車道 南荒子駅 4 19 熱田 P.17
富田駅 関西本線 熱田区 菓匠 花桔梗 本店
中島駅 神宮前駅 P.129
P.29/P.76 熱田神宮 卍
P.25 農業文化園・ 港北駅 P.25 山崎川
戸田川緑地 ★ 臨港貨物線 豊田本町駅 四季の道
P.129 餅文総本店 S
港区 道徳駅 P.85
南陽IC 荒子川公園駅 154 笠寺観音（笠覆寺）
本笠寺駅
サンビーチ日光川 稲永駅 名鉄築港線 大江駅 笠寺駅
名四国道 23 新川 庄内川 堀川 名古屋港線 23
飛島村 飛島北IC 名古屋港水族館 ★ 南区 本星崎駅
P.82 大同町駅
野跡駅 柴田駅
四日市JCT
弥富市 302 飛島JCT 名和駅 大高IC
飛島 東海JCT
伊勢湾岸自動車道 IC 名港中央IC 名港潮見IC 東海IC 東海IC 聚楽園駅 大府西IC
湾岸弥富IC 金城ふ頭駅 ★ リニア・鉄道館 東海IC 新日鉄前駅
P.83
名古屋港 P.19 東海市
名古屋港 247 247
太田川駅 常滑駅/知多半田駅 半田中央JCT

名古屋広域図

なごやこういきず

周辺図 本書P.2-3

0　　1　　2km
1:125,000

N

D ▼ E ▼ F ▲

- ◯春日井駅　◯楠JCT　小牧JCT◯　◯尾張瀬戸駅
- 守山駅
- ◯小幡緑地駅　楠JCT　印場駅　東名高速道路
- 守山区　名鉄瀬戸線　喜多山駅
- 喜多山駅　大森・金城学院前駅　363
- ドーム前矢田駅　大森IC　藤が丘駅　はなみずき通駅
- 砂田橋駅　引山IC
- ★バンテリンドーム ナゴヤ P.84　尾張旭市　長久手市　愛・地球博記念公園　155
- 平和公園　上社IC　名古屋IC　陶磁資料館南駅　八草駅
- 卍日泰寺 P.73　上社JCT　猪高緑地　愛知高速交通東部丘陵線(リニモ)
- 卍桃巌寺 P.74　名東区　杁ヶ池公園駅　古戦場駅　長久手古戦場駅　芸大通駅　長久手IC　公園西駅
- 寺・本山 P.14-15　東山公園　P.85
- ★東山スカイタワー P.37　302　★愛・地球博記念公園　P.85
- ■昭和美術館 P.84　2　高針JCT　牧野池　(モリコロパーク)
- 卍八事山 興正寺 P.85　153　植田IC　日進JCT　P.30 ジブリパーク★
- ●愛知カンツリー倶楽部　日進市　豊田市駅
- R八勝館 P.102
- 瑞穂スタジアム　天白区　米野木駅　名鉄豊田線　黒笹駅
- 天白公園　日進駅　愛知池
- 名古屋市　天白公園　302
- 庄内川　東名三好IC　東名高速道路
- ★名古屋市農業センター P.29　153　豊田JCT
- 鳴海IC　東郷町　153
- 緑区　若王子池　みよし市
- 勅使池　三好池
- 境川　岩作子川
- 有松IC　有松駅　中京競馬場
- ★S 有松・鳴海絞会館 P.80/P.126　洲原池　豊田市
- 緑区　中京競馬場前駅
- 高緑地　有松 P.18　豊明市
- 302　前後駅　1　155　419
- 名南JCT　豊明駅
- 南IC　豊明IC　岩ヶ池　逢妻川
- 伊勢湾岸自動車道　豊明駅　23
- 共和駅　23　富士松駅　1
- 大府市　刈谷市　名鉄名古屋本線
- ◯大府駅　366　三河安城駅◯　知立駅◯　逢妻川

★ 観光・見どころ	S ショップ
卍 寺院	SC ショッピングセンター
⛩ 神社	H 宿泊施設
✝ 教会	i 観光案内所
R 飲食店	🚏 バス停
C カフェ・甘味処	⚓ 乗船場

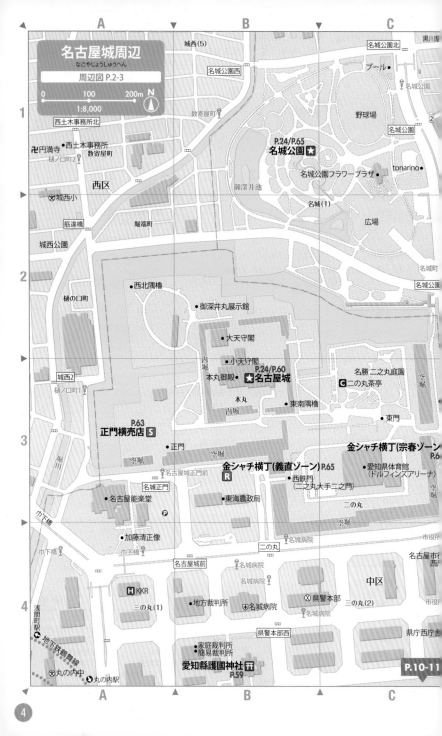

大曽根駅

名鉄瀬戸線

森下駅　森下駅　大曽根駅西

⑲　芳野3　●湯の城

卍本覚寺　桜丘中

卍了義院

卍関貞寺　東大曽根町

徳川(2)

瑞忍寺卍　片山八幡神社　東大曽根町

徳川2　徳川町

徳川町

徳川園

徳川町　徳川園北

善行寺　旭丘小　龍仙湖　徳川美術館北

山口公園　徳川町

ガーデンレストラン徳川園 Ⓡ P.66　★徳川園　P.27/P.66

山口町

P.67

S 徳川公設市場　★徳川美術館

マックスバリュ

徳川園・徳川美術館・蓬左文庫　P.67

明倫町

山口町　★名古屋市蓬左文庫

山口町

S 芳光 P.128

出来町通

徳川美術館南　徳川園新出来

山口町　新出来

徳源寺卍　新出来(2)　新出来　出来町(1)　大松

覚音寺卍　徳川園新出来

東区　新出来(1)

東区役所　あずま中　明倫小

出来町

東海高・中　金蓮寺卍　明倫公園

大松町

安院

●東保健所　百人町　善光寺卍

区役所　卍建中寺 P.85　車道町(1)　百人町西

東区役所　百人町

黒門町

建中寺公園

車道町(2)

卍善光寺　建中寺東

⊗筒井小　車道町(3)　建中寺東　黒門町

(2)　卍情妙寺

筒井町(4)

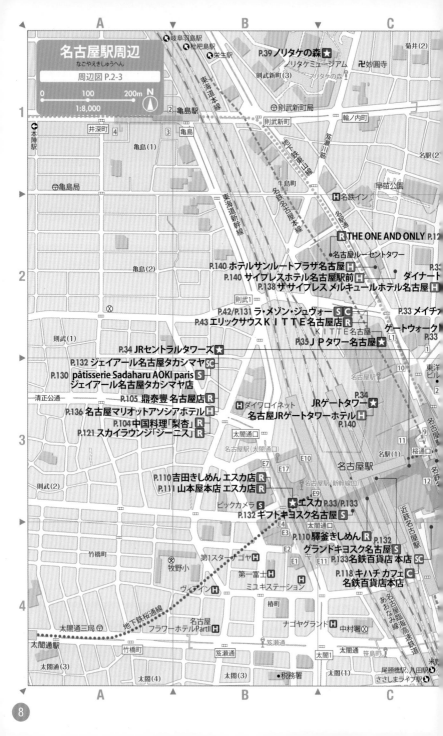

名古屋駅周辺
なごやえきしゅうへん

周辺図 P.2-3

0 100 200m
1:8,000

P.39 ノリタケの森 ★
ノリタケミュージアム
卍妙圓寺

岐阜羽島駅
枇杷島駅
栄生駅
則武新町(3)
則武新町局

亀島駅
則武新町
輪ノ内町

本陣駅
井深町
亀島
名駅(2)

亀島(1)

亀島局
牛島町
早苗公園

H 名鉄イン

R THE ONE AND ONLY P.12

名古屋ルーセントタワー

亀島(2)
P.140 ホテルサンルートプラザ名古屋 H
P.140 ザ サイプレスホテル名古屋駅前 H
P.138 ザ サイプレス メルキュールホテル名古屋 H
ダイナート

則武1
P.42/P.131 ラ・メゾン・ジュヴォー S C
P.43 エリックサウス KITTE 名古屋店 R
KITTE名古屋 L1
ゲートウォーク

則武(1)
P.34 JRセントラルタワーズ ★
P.35 JPタワー名古屋 ★
名古屋駅
東洋ビル

P.132 ジェイアール名古屋タカシマヤ SC
P.130 pâtisserie Sadaharu AOKI paris S
ジェイアール名古屋タカシマヤ店
10

清正公通
P.105 鼎泰豐 名古屋店 R
JRゲートタワー ★ P.34
9

P.136 名古屋マリオットアソシアホテル H
H ダイワロイネット
名古屋JRゲートタワーホテル H
桜通口

P.104 中国料理「梨杏」 R
P.121 スカイラウンジ「ジーニス」 R
名古屋JRゲートタワーホテル P.140
11
12

太閤通口
則武(2)
名古屋駅(太閤通口)
名駅(1)

近鉄名古屋駅

P.110 吉田きしめん エスカ店 R
P.111 山本屋本店 エスカ店 R
名古屋駅(新幹線口)
E17
E10

ビックカメラ S
★ エスカ P.33/P.133
P.132 ギフトキヨスク名古屋 S
E3 太閤通口
E9

則武(2)
E2
P.110 驛釜きしめん R P.132
グランドキヨスク名古屋 S
E1
P.133 名鉄百貨店本店 SC
竹橋町
第1スターナゴヤ H
第一富士
ミュキステーション
E11
P.118 キハチ カフェ C
名鉄百貨店本店

椿町
ナゴヤグランド H 中村署
あおなみ線高架鉄道

ヴィアイン H

太閤通三局
地下鉄桜通線
名古屋
フラワーホテルPartII H
笠寺通
太閤1 太閤通 笹原町

太閤通駅
竹橋町
笠瀬通
尾頭橋駅・八田駅
米津

太閤通(3)
太閤(4)
笠瀬通
太閤(3)
税務署
太閤(1)
ささしまライブ駅

8

栄・伏見・丸の内

さかえ・ふしみ・まるのうち

周辺図 P.2-3

0　100　200m
1:8,000

愛知縣護國神社 P.59

三の丸(1)

三の丸(2)

本町橋　名古屋高速都心環状線　大津橋

丸の内入口　外堀通　外堀通　C1

名古屋東照宮 P.58

那古野神社

外堀通

明道町JCT

浅間町駅

中区

京町通

中日病院

丸の内(1)

丸の内出口

丸の内駅

桑名町通

長島町通

長者町通

本町通

七間町通

呉服町通

伏見通

伏見魚ノ棚

魚ノ棚通

杉ノ町通

丸の内(2)

東京福祉大

桜通本町

両口屋是清 本町店 P.128

安清院

御園通

丸の内局

アパヴィラ

日銀前

桜通 P.28

ウィング
インターナショナル

国際センター駅

P.8-9

丸の内駅

地下鉄桜通線

桜通大津

桜天神社

名鉄イン名古屋

日本銀行

伝馬町通

錦(1)

御園通

卍延命院

中ノ町通

伏見袋町

西鉄イン名古屋錦

錦(2)

本重町通

地下鉄鶴舞線

グレイスイン名古屋

袋町通

錦局　袋町通本町

ガーデンパレス

いば昇 P.107

錦(3)

東京第一ホテル錦

名古屋コーチン 鳥しげ P.108

下園公園

錦通島町

錦通長島町

錦通本町

錦通

名古屋国

伏見駅

錦通伏見

地下鉄東山線

広小路本町

旧三井銀行名古屋支店 P.95

広小路本町

広小路通

**名古屋観光
ホテル** P.140

名古屋駅

広小路伏見

広小路伏見

栄(2)

広小路通

スギモト 本店 P.115

栄局

**AUTHENTIC
BAR Kreis** P.123

大甚 P.114

でんきの科学館

Shinji Koga P.99

栄(1)

島正 P.112

BAR BARNS P.122

入江町通

御園座

大須観音駅

スパゲッティ・ハウス ヨコイ 住吉本店 P.113

P.12-

栄一局

とり要 P.109

P.117 洋菓子・喫茶 ボンボン C

楽只美術館 P.111
R みそ煮込みの角丸

C 加藤珈琲店 P.119

R CRAFTBEER KEG・NAGOYA P.124

P.47 m.m.d S

鶴銀 本店 P.108 C ヴァンサンヌドゥ P.55

H 三交イン 140 名古屋錦

テルトラスティ 名古屋栄 H H アパ

★ 中部電力 MIRAI TOWER P.49

★ セントラルパーク P.47
★ オアシス21 P.48

★ 愛知県美術館 P.51
愛知芸術文化センター

H ユニゾン

・キホーテ S 1

★ 森の地下街 P.47

P.47 ★ サカエチカ

JNSHINE・ SAKAE

P.113 風来坊 栄店 R

H 名古屋東急ホテル

名古屋三越 栄店 SC P.47
栄NOVA S

P.123 R 純米酒専門 YATA 栄店

S 安藤七宝店 P.126

R 世界の山ちゃん 本店 P.113

お食堂 ラシック店 R
栄(3) P.113

栄一局
伏見駅 19
三蔵
地下鉄鶴舞線

●しらかわホール

三蔵通

栄(2)

三ツ蔵通本町

山本屋総本家 本家 R
P.111

●科学館西

Casa dell'amante R
P.101

白川通本町

●商工会議所

白川通

★名古屋市科学館 P.50

本町通

七間通

ELK 名古屋店 C
P.55

栄(1)

中署 ⊗

伏見通

⊗栄小

仲ノ町公園

P.51 名古屋市美術館 ★
白川公園

名古屋市美術館東

若宮八幡社 卍
P.85

矢場

政秀

若宮北

白川公園

若宮大通

若宮大通公園

栄3

若宮

名古屋高速2号東山線

白川出入口

白川公園

新洲崎 JCT

若宮南

若宮大通本町

⊕中局

称名院 卍

萬年
裏門前
公園

本町通

大須(3)

大須観音駅

大光院 卍

●第2アメ横ビル

西大須通

常盤通

4

大須(1)

3

大須(2)

陽秀院 卍

赤門通本町

赤門通

裏門前町通

P.116

西大須公園

⊗大須小

大須観音

大須観音 卍
P.56

P.56
★大須演芸場

総見寺 卍
大須公園

S コメ兵

コンパル 大須本店

P.57

卍白山神社

大須観音通

万松寺通

万松寺

西大須

H アベスト

⊗青柳総本家

仁王門通

ふれあい広

善光寺 卍

新雀 本店 S
P.57

東仁王門通

大須通

西大須

門前町通

大須局

中区

卍薬師寺

松原(1)

●名古屋スポーツセンター

大須

裏門前通

上前津

7

妙蓮寺 卍

卍西本願寺別院

功徳院 卍

上前津(1)

19

卍法然寺

門前町

安用寺 卍

龍雲寺 卍

松原(2)

万福寺 卍

卍全香寺
来迎寺 卍

卍首題寺

橘(1)

卍日置神社

橘町

卍高顕寺

国際デザインセンター P.51

国際デザインセンター P.51

白川通

白川通大津

ナディアパーク

P.47 松坂屋 名古屋店 SC 6

アロマフレスカ 名古屋 R
P.100

おどり總本店 S
P.129

白林禅寺

伊勢町通

勝鬘寺卍

矢場とん
場町本店 R
P.112

すゞ家 P.112

第1アメ横ビル

めいふつ天むす 千寿本店
R S
P.113

OSU301

松寺

上前津局

上前津駅
9 10

上前津駅
6 5
上前津
4 3

上前津

大津通

栄駅

栄(4)

東片端JCT

池田公園

瓦町

AB名古屋栄 H

セントメイン H

栄(5)

瓦町久屋東 瓦通

白川通大津

久屋大通公園

久屋大通

白川通大津

南大津町局

名古屋PARCO SC

矢場町駅

矢場町

武平通

東栄通

栄

卍德照寺

東陽通

東陽通

丸田町

萬福院卍

栄5

名古屋高速2号東山線

丸田町JCT

丸田町

矢場町

若宮大通公園

清浄寺卍

地下鉄名城線

矢場町
(フラリエ)

若宮大通久屋

久屋大通庭園
フラリエ

大須(4)

西川端通

東川端通

堀留

千代田1

千代田(1)

老松小

丸田町

吹上西出入口

赤門

楽運寺卍

NTT

前津中

舞鶴橋西

松元通

cucina siciliana R
siculamente
P.101

老松公園

千代田(2)

千部電力

ローズコート H

鶴橋西

鶴橋

福恩寺卍

千代田通

万松寺東

12

上前津駅

長松院卍

新堀川

清水寺卍

地下鉄鶴舞線

記念橋東

記念橋

中署

千代田

鶴舞局

鶴舞駅

大池町

記念橋

鶴舞公園前

荒畑駅

上前津(2)

上前津

前津通

西川端通

東川端通

乗円寺卍

千代田(3)

七本松神社

東別院駅

覚王山・本山
かくおうざん・もとやま

周辺図 P.2-3

0　100　200m
1:12,000

N

下方町
●水の歴史資料館
振甫町
●千種税務署
月ヶ丘
月ヶ丘
城山新
覚3

⊗高見小

田代町
姫ケ池
卍日泰寺奉安塔
城山新町
卍日泰寺舎利殿　卍尋久

高見

卍瑞光寺

姫ケ池通1
卍日泰寺 P.73

P.73 大龍寺卍
卍大林院

⊗高見
向陽

法王町
姫池通　卍一乗院

蝮ケ池八幡宮

向陽町
覚王山弘法の市 ★
P.72
⊗

★揚輝荘
P.72
卍相応寺

■R 當り屋 P.112

西山公園
西山元町

北園

法王町

城山町

古川美術館 ●

山門町

揚輝荘 南園

卍常

今池駅⊗

P.73 覚王山アパート ★

末盛局 ⊕

池下

卍方等院

月見坂町

姫池通
P.73
城山八幡宮 ⊞

池下駅

堀割町

P.73 sono S

S シェ・シバタ P.131

千種署⊗

梅花堂

愛知学院大附属病院

⊗
千種警察署南

覚王山西

覚王山
覚王山駅

末盛通2

⊗千種区役所
（建替え中）

覚王山局

覚王山

加藤病院⊕

末盛通2
末盛通　地下鉄東山線
広小路通

末盛通2

菊坂町

S 覚王山フランテ

観月町

桐林町

丘上町

田代小⊗

穂波町

卍丸山神明社
丸山公園

椙山女学園大附属小⊗

田代本通

松1

丸山町

御棚町

千種区
Robin's Patch S
P.75

椙山女学園高・中
山添町

⊗城山中

日進通

西崎町

椙山女学園南
日進通5

田代局⊞

見付小⊗

日進通5 ⊗

田代本通
田代本通3

東山トンネル

日進通4

大島町

名古屋高速2号東山線
四谷出口
鏡池通2

見付小⊗

日岡町

川崎町

鏡池通

春岡出入口

田面町

神村町

元宮町

川原通

昭和区

福井

A　　B　　C

⑭

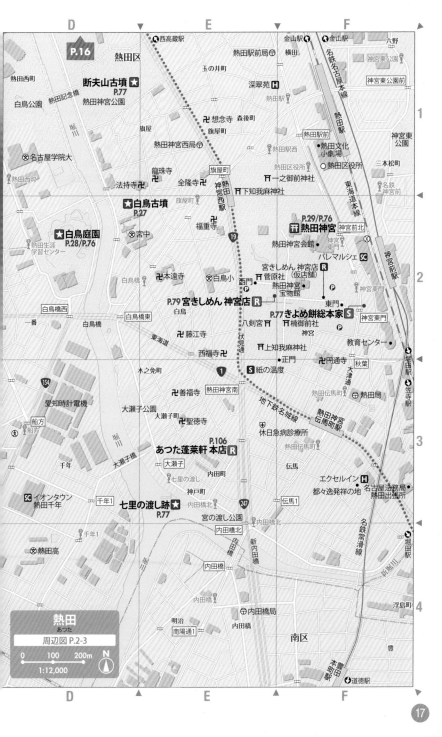

惟信高 ⊗　油屋町1

南陽大橋

港北駅 ●

荒子川運河

SC ニトリみなとSC

東海通駅 ●　区区役所駅 ●

名古屋高速4号・東海線

荒子川公園　いろは橋　築地IC　地下鉄　港楽小 ⊗

高木小 ⊗　荒子川公園駅　154

SC イオンモール　中川運河橋　築地IC　卍 善光寺

善南公園　名古屋みなと　名四道

神宮寺小 ⊗　名四町　23　154　港新橋

十一屋　大手小 ⊗　西築地小 ⊗　東海4号道

宝神中 ⊗　築三町　名古屋港シートレインランド

港西小 ⊗　中川運河　東築地小 ⊗

庄内新川橋　稲永駅　港南中 ⊗　S カインズホーム　ポートハウス　ガーデンふ頭　山崎川

23　稲永　P.82 名古屋港水族館 ★　臨港緑園　名古屋港ポートビル

宝神中央公園　名古屋検疫所　水上バス乗り場　★ 名古屋海洋博物館　P.83

稲永小 ⊗　大江川

西稲永

稲永スポーツセンター ●　稲永東公園　野跡小 ⊗

名古屋市　名古屋港

稲永公園　野跡駅

稲永ビジターセンター ●　潮凪橋　港区　P.83　★ 名古屋港　ワイルドフラワー　ガーデン　ブルーボネット

水上バス乗り場 ⚓

潮見橋　天白川

中部電力　新名古屋火力発電所

名古屋臨海高速鉄道あおなみ線

名古屋フェリー埠頭 ⚓

クルーズ名古屋

金城西橋　金城橋　東海市

飛島IC　名港中央大橋　名港潮見　名港東大橋　伊勢湾岸自動車道

名港西橋　名港中央

LEGO LAND® Japan　Maker's Pier　ファニチャードーム本店 SC

ポートメッセなごや　★ リニア・鉄道館　P.83

金城ふ頭駅　名港潮見

金水上バス乗り場 ⚓　金城埠頭　東海IC

● 名古屋港海上交通センター

名古屋港
なごやこう

周辺図 P.2-3

0　　0.5　　1km

1:48,000　　N

19

とりはずして使える

MAP

付録 街歩き地図

名古屋

おとな旅
プレミアム
PREMIUM

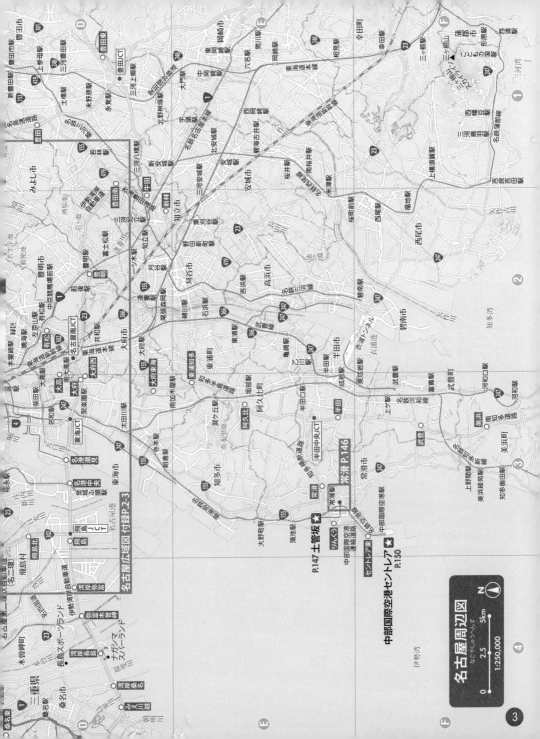

あなただけの
プレミアムな
おとな旅へ！
ようこそ！

江戸時代から独自の道を
突き進む大都市の変遷をたどる

NAGOYA
名古屋への旅

今日も熱いときめきの変貌
明日のドラマを秘める都市

名古屋には個性的なB級グルメア
イテムが生まれては定着する。そ
れはこの街が持つ、独特のエネル
ギーの産物だろう。一種の反骨精
神で、あたりはばからぬ街の情熱
ともいえる。

名古屋は商都、というコンセプト
はそもそも徳川家康のもの。陸路
と水路を重視した城下を造り、街
区は今も広々と開放的だ。

江戸と京都の間にあって、特異な
歴史と文化が育ち、自在に発展。
街は熱が拡散するように外へ外
へと延びる。訪れる者は旺盛な生
命力を感じ、それを享受する。

SIGHTSEEING

大須観音の
門前町。ディープ
な名古屋を感じ
られる場所

大須 ➡ P.56

一日の終わりとともに幻想的に浮かび上がる名古屋城

CULTURE

緑に囲まれ、悠久の歴史が息づく熱田神宮を参拝しよう

熱田神宮 ➡ P.76

5

**職人の巧みな手仕事が
生みだす極上の一品**

厳選食材を使い一流の
料理人が作る食の芸術

GOURMET

時代を超えて
親しまれる名古
屋名物ひつまぶ
しに舌鼓

あつた蓬莱軒 本店　➡ P.106

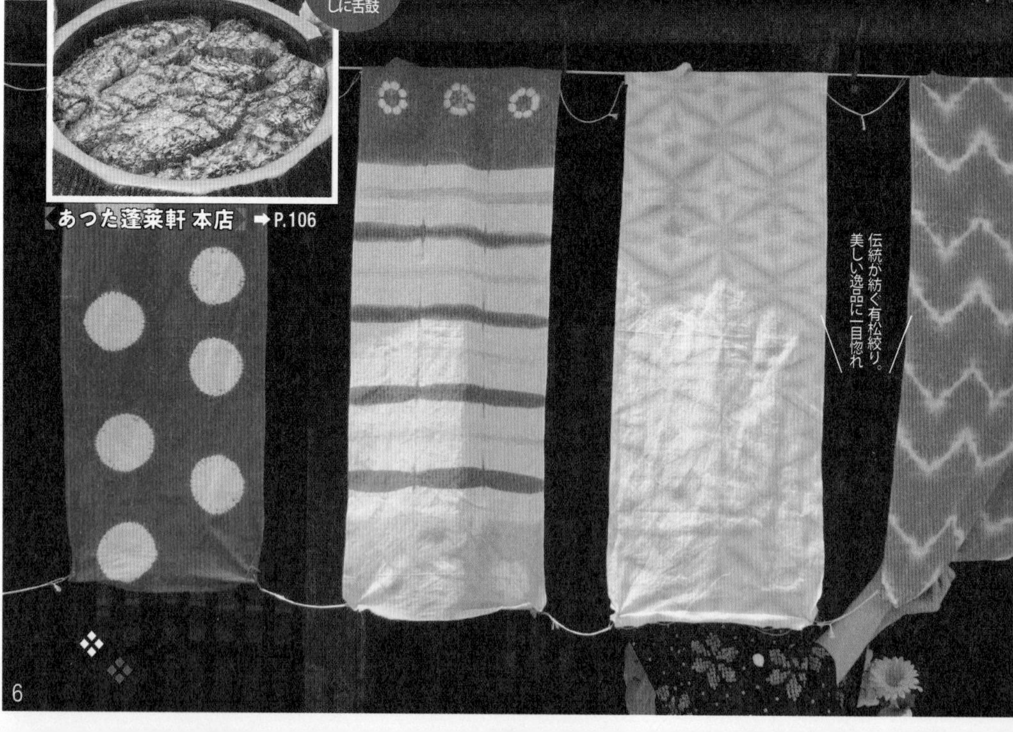

伝統が紡ぐ有松絞り、
美しい逸品に一目惚れ

洗練された都市の風景と
歴史ある街散策を楽しむ

名古屋随一の繁華街・栄にあ
る中電力MIRAI
TOWERは日本で初め
ての集約電波鉄塔

SIGHTSEEING

白壁の土蔵や
町屋が残る風情
ある下町をのん
ぴり散歩

四間道 ➡ P.40

SIGHTSEEING

名古屋のラン
ドマーク・オアシ
ス21の夜景を
満喫しよう

オアシス21 ➡ P.48

CULTURE

近代建築や
尾張藩の武家屋
敷跡が残る白壁
地区へ

名古屋市市政資料館 ➡ P.68

おとな旅
プレミアム 名古屋
PREMIUM

CONTENTS

特集

歩く・観る

食べる

買う

泊まる

郊外へ

旅のきほん
1

エリアと観光のポイント ❖

名古屋はこんな街です

街ごとにさまざまな魅力があふれる巨大都市名古屋。
目的に合わせて行き先を選びたい。

JRや私鉄が多数乗り入れる巨大ターミナル

名古屋駅周辺
なごやえきしゅうへん ➡ P.32

新しいビルが次々に建設され、常に進化し続けるエリア。交通の要衝のみならず、ショッピングやグルメスポットとしての注目度も高い。

↪ JRセントラルタワーズ

観光のポイント スカイプロムナード P.37
トヨタ産業技術記念館 P.38 四間道 P.40

名古屋最大の繁華街と魅力の多いオフィス街

栄・伏見・丸の内
さかえ・ふしみ・まるのうち ➡ P.46

話題のレストランやブランドショップが立ち並ぶ、活気にあふれる栄。名古屋のオフィス街として知られる伏見・丸の内は、文化施設なども点在する。

↪ 栄にある久屋大通公園

観光のポイント オアシス21 P.48 中部電力 MIRAI TOWER P.49
名古屋市科学館 P.50

名古屋城を中心としたノスタルジックな街並み

名古屋城・白壁
なごやじょう・しらかべ ➡ P.58

名古屋のシンボル・名古屋城周辺は、庭園や公園が整備され四季の彩りを楽しめる。名古屋の南東に位置する白壁は、明治から昭和の建物が残る。

↪ 大都市にそびえる名古屋城

観光のポイント 名古屋城 P.22／P.60 徳川園 P.27／P.66
名古屋市政資料館 P.68

名鉄岐阜駅 米原駅 犬山駅
名鉄犬山線
22 6
名古屋城・白壁
トヨタ産業技術記念館 ★ 22 ★名古屋城
ノリタケの森 ★ C1
名古屋駅周辺 中部電力 MIRAI TOWER ★ 19
名古屋駅
ミッドランドスクエア ★ 栄・伏見・丸の内
黄金駅 2
5 大須
C1 大須観音 鶴舞駅
桑名駅 近鉄名古屋線 松重閘門 ★ 金山駅
関西本線 八田駅 東海道新幹線 19 3
尾頭橋駅 神宮前駅
1 熱田駅 名鉄常滑線
熱田
名古屋臨海高速鉄道 熱田神宮 ★
あおなみ線 中川運河
名古屋港水族館 ★ 大江駅 笠寺駅
稲永駅 4 名鉄常滑線
堀川 大同町駅
23 新川 庄内川 西 名古屋港
名古屋港
名港潮見 大山川
東海JCT
名港中央 金城ふ頭 伊勢湾岸自動車道 聚楽園駅
常滑駅
中部国際空港駅

↑煌びやかな名古屋の
街の夜景は必見

老若男女で賑わう下町エリア

大須
おおす
→P.56

大須観音の門前町として栄え、下町情緒あふれるエリア。縦横に延びるアーケードには、昔ながらの商店や若者向けの店が並ぶ。

↑1万5000冊もの蔵書を持つ大須観音

| 観光の ポイント | 大須観音 P.56
万松寺 P.57 |

新旧が融合するおしゃれタウン

覚王山
かくおうざん
→P.72

懐かしい風情と新しさが共存するエリア。個性派ショップやおしゃれなカフェが点在、日泰寺参道は毎月21日になると縁日で賑わう。

↑釈迦の御真骨を安置する日泰寺

| 観光の ポイント | 揚輝荘 P.72
日泰寺 P.73 |

住宅街に個性派店が点在

本山
もとやま
→P.74

名古屋大学が近く、本山駅周辺には学生向けのカフェやショップが集まる。ひと足のばせば、自然豊かな東山公園がある。

↑高さ10mの名古屋大仏で有名な桃厳寺

| 観光の ポイント | 桃厳寺 P.74
東山動植物園 P.84 |

水と緑に囲まれた歴史地区

熱田
あつた
→P.76

由緒ある熱田神宮周辺には、白鳥古墳などの遺跡や、宿場から宿場へ渡る「七里の渡し」など、江戸時代の宿場町の面影が残る。

↑荘厳で広大な森に鎮座する熱田神宮

| 観光の ポイント | 熱田神宮 P.29／P.76
白鳥庭園 P.76 |

昔の商家が残る古き良き街並み

有松
ありまつ
→P.80

江戸から明治時代にかけて、有松絞りで栄えた商家の家並みが残るエリア。趣のある建物を巡り、往時に思いを馳せたい。

↑風情ある建物が軒を連ねる有松の風景

| 観光の ポイント | 有松・鳴海絞会館
P.80／P.126 |

レジャースポットが集結する

名古屋港
なごやこう
→P.82

多くの船が行き交う国際貿易港。周辺には遊園地や水族館など、アミューズメント施設が充実し、多くの観光客が訪れる。

↑白い帆船を模した名古屋港ポートビル

| 観光の ポイント | 名古屋港水族館 P.82
リニア・鉄道館 P.83 |

電車を賢く使って目的地へ

名古屋の街を移動する

名古屋駅から縦横に広がる路線。街から街へ、
各路線を使い分けながら中心部や郊外へアクセスしたい。

市内はJR、私鉄、市営地下鉄が走っており、移動はスムーズ。名古屋駅から伏見や丸の内駅周辺部へは徒歩でも15〜20分で行くことができる。名古屋城は、観光バス「メーグル」(P.156)でのアクセスも便利。郊外の犬山や常滑は名鉄で30分程度なので、プランが立てやすい。

名古屋の市内交通情報 → P.156

名古屋駅から郊外へのアクセス

名古屋駅 → 中部国際空港
私鉄利用●28分
名鉄名古屋駅からミュースカイで28分(特急は35分)

名古屋駅 → 犬山
私鉄利用●25分
名鉄名古屋駅から名鉄犬山線・快速特急で25分、犬山駅下車

名古屋駅 → 常滑
私鉄利用●30分
名鉄名古屋駅から名鉄常滑線・特急で30分、常滑駅下車

常滑 → 中部国際空港
私鉄利用●4分
常滑駅から名鉄空港線・特急で4分

名古屋駅 → 丸の内
地下鉄利用●3分
名古屋駅から地下鉄桜通線で3分、丸の内駅下車

名古屋駅周辺

名古屋駅 → 伏見
地下鉄利用●3分
名古屋駅から地下鉄東山線で3分、伏見駅下車

名古屋駅 → 大須
地下鉄利用●13分
名古屋駅から地下鉄東山線、鶴舞線(伏見駅で乗り換え)で13分、大須観音駅下車

名古屋駅 → 名古屋港
JR、地下鉄利用●23分
名古屋駅からJR、地下鉄名港線(金山駅で乗り換え)で23分、名古屋港駅下車

━━━ 新幹線	•••• 地下鉄桜通線	─── 高速・有料道路
━━━ JR	•••• 地下鉄上飯田線	● ジャンクション
━━━ 私鉄	•••• 地下鉄鶴舞線	○ インター・出入口
○○ 駅	•••• 地下鉄名港線	★□ 観光スポット
	•••• 地下鉄名城線	
	•••• 地下鉄東山線	

名古屋市内中心部のアクセス

名古屋トラベルカレンダー

旅が豊かになるイベントや季節を彩る花をチェック

一年を通じてさまざまな顔を見せてくれる大都市・名古屋。歴史や文化に親しみ、季節の花々が楽しめるイベントの時期に訪れて、街をより身近に感じたい。

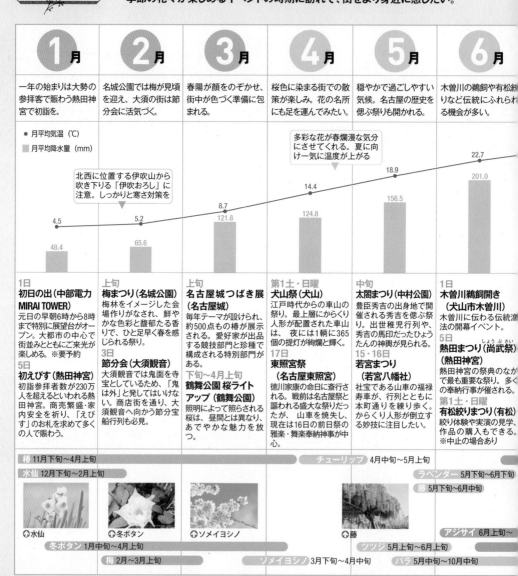

	1月	2月	3月	4月	5月	6月
	一年の始まりは大勢の参拝客で賑わう熱田神宮で初詣を。	名城公園では梅が見頃を迎え、大須の街は節分会に活気づく。	春陽が顔をのぞかせ、街中が色づく準備に包まれる。	桜色に染まる街での散策が楽しみ。花の名所にも足を運んでみたい。	穏やかで過ごしやすい気候。名古屋の歴史を偲ぶ祭りも開かれる。	木曽川の鵜飼や有松絞りなど伝統にふれられる機会が多い。

- 月平均気温（℃）
- 月平均降水量（mm）

北西に位置する伊吹山から吹き下りる「伊吹おろし」に注意。しっかりと寒さ対策を

多彩な花が春爛漫な気分にさせてくれる。夏に向け一気に温度が上がる

月平均気温（℃）
- 4.5
- 5.2
- 8.7
- 14.4
- 18.9
- 22.7

月平均降水量（mm）
- 48.4
- 65.6
- 121.8
- 124.8
- 156.5
- 201.0

1月

1日
初日の出（中部電力 MIRAI TOWER）
元日の早朝6時から8時まで特別に展望台がオープン。大都市の中心で街並みとともにご来光が楽しめる。※要予約

5日
初えびす（熱田神宮）
初詣参拝者数が230万人を超えるといわれる熱田神宮。商売繁盛・家内安全を祈り、「えびす」のお札を求めて多くの人で賑わう。

2月

上旬
梅まつり（名城公園）
梅林をイメージした会場作りがなされ、鮮やかな色彩と馥郁たる香りで、ひと足早く春を感じられる祭り。

3日
節分会（大須観音）
大須観音では鬼面を寺宝としているため、「鬼は外」と発してはいけない。商店街を通り、大須観音へ向かう節分宝船行列も必見。

3月

上旬
名古屋城つばき展（名古屋城）
毎年テーマが設けられ、約500点もの椿が展示される。愛好家が出品する競技部門と珍種で構成される特別部門がある。

下旬〜4月上旬
鶴舞公園 桜ライトアップ（鶴舞公園）
照明によって照らされる桜は、昼間とは異なり、あでやかな魅力を放つ。

4月

第1土・日曜
犬山祭（犬山）
江戸時代からの車山の祭り。最上層にからくり人形が配置される車山は、夜には1輌に365個の提灯が絢爛と輝く。

17日
東照宮祭（名古屋東照宮）
徳川家康の命日に斎行される。戦前は名古屋祭と謳われる盛大な祭りだったが、山車を焼失し、現在は16日の前日祭の雅楽・舞楽奉納神事が中心。

5月

中旬
太閤まつり（中村公園）
豊臣秀吉の出身地で開催される秀吉を偲ぶ祭り。出世稚児行列や、秀吉の馬印だったひょうたんの神輿が見られる。

15・16日
若宮まつり（若宮八幡社）
社宝である山車の福禄寿車が、行列とともに本町通りを練り歩く。からくり人形が倒立する妙技に注目したい。

6月

1日
木曽川鵜飼開き（犬山市木曽川）
木曽川に伝わる伝統漁法の開幕イベント。

5日
熱田まつり（尚武祭）（熱田神宮）
熱田神宮の祭典のなかで最も重要な祭り。多くの奉納行事が催される。

第1土・日曜
有松絞りまつり（有松）
絞り体験や実演の見学、作品の購入もできる。※中止の場合あり

椿 11月下旬〜4月上旬
チューリップ 4月中旬〜5月上旬
水仙 12月下旬〜2月上旬
ラベンダー 5月下旬〜6月下旬
藤 5月下旬〜6月中旬

↑水仙　↑冬ボタン　↑ソメイヨシノ　↑藤

アジサイ 6月上旬〜
冬ボタン 1月中旬〜4月上旬
ツツジ 5月上旬〜6月中旬
梅 2月〜3月上旬
ソメイヨシノ 3月下旬〜4月中旬
バラ 5月中旬〜10月下旬

↑節分会の節分宝船行列

↑犬山祭の車山

©にっぽんど真ん中祭り

↑名古屋まつり

7月	**8**月	**9**月	**10**月	**11**月	**12**月
浴衣を着て暑気払い。各地で開催される花火大会に出かけたい。	満ちあふれる活気とともに、趣ある風景が夏の終わりを告げる。	涼夜に輝く秋月を観賞しながら、落ち着いたひとときを過ごしたい。	秋の代名詞といわれる名古屋まつりで街全体が大盛り上がり。	秋も深まり、肌寒くなる季節。街の木々は一気に赤や黄色に色づく。	クリスマス市や幻想的なライトアップで街はいっそう華やかに。

26.4　27.8　24.1　18.1　12.2　7.0

> 厳しい暑さの日が続く。水分補給など熱中症対策を忘れずに

> 特に晴れの日は、朝晩の寒暖差が激しい。気温に合う服装を心がけよう

203.6　126.3　234.4　128.3　79.7　45.0

下旬	上旬～中旬	中秋の名月	第1日曜	10月下旬～11月下旬	11月11日～12月25日
円頓寺七夕まつり **（円頓寺商店街・円頓寺本町商店街）** 商店街のアーケードに吊るされた個性豊かなよりぼてをはじめ、パレードや大道芸など楽しいイベントが盛りだくさん。	**名古屋城夏まつり** **（名古屋城）** 開園時間を延長し、縁日の出店・ステージ・イベントなどが行われる。天守閣を眺めながらの盆踊りが名物。 **下旬** **にっぽんど真ん中祭り** **（名古屋市内各地）** 真夏の名古屋で、国内外から集まった人たちによる踊りが披露される。夏にふさわしいエネルギーあふれる祭り。	**観詠茶会** **（白鳥庭園）** 中秋の名月を望める方向を計算して設計された茶室「清羽亭」で、名月を楽しむ特別な茶会を開催。 **第4日曜** **献詠祭（熱田神宮）** 一般公募の和歌を神前で詠み、歌道の繁栄を祈願する。	**有松山車まつり（有松）** 有松にある3台の山車が勇壮に曳き出される。 **中旬** **名古屋まつり** **（名古屋市内各地）** 信長・秀吉・家康らの扮装をした郷土英傑行列が名物。名古屋の秋には欠かせない祭り。 **中旬** **大須大道町人祭（大須）** 街全体が一体となって盛り上がる祭りで、数多くの大道芸人が集まる。	**名古屋城菊花大会** **（名古屋城）** 名古屋で最大級となる菊の展示が名古屋城の西之丸（広場）で開催される **下旬** **紅葉ライトアップ** **（東山動植物園）** 名古屋市内随一の逆さもみじの名所。日本庭園から也有園までの紅葉アーチは必見。幻想的な風景を観賞できる。	**ノリタケの森** **「Heartful Christmas」** **（ノリタケの森）** 2023年から高さ約8mのシンボルツリーが登場。日没からイルミネーションが点灯し、幻想的なクリスマスを演出。

蓮 6月下旬～8月上旬

コスモス 9月上旬～10月下旬

↑ラベンダー
～7月中旬

↑蓮

ユリ 6月中旬～7月中旬

↑バラ

↑コスモス

↑イチョウ
イチョウ 11月上旬～12月上旬

モミジ 11月中旬～12月上旬

プレミアム滞在モデルプラン
名古屋
おとなの2泊3日

名古屋は奥が深い。街の底に、尾張徳川家から始まり代々受け継がれてきた文化が息づく。都会のオアシスで癒やされたあとは、郷愁を誘う東海道の宿場町、悠久の歴史ロマンに思いを馳せる。

↑久屋大通と並び、名古屋市中心部を南北に貫く目抜き通りで知られる大津通

1日目

進化する街にそびえる新旧のシンボルへ

定番スポットから風情あふれる街並みまで、さまざまな魅力に出会う。

9:50	名古屋駅
↓	約10分 地下鉄東山線で5分、栄駅下車すぐ
10:00	中部電力 MIRAI TOWER／オアシス21
↓	約10分 栄駅から地下鉄名城線で4分、市役所駅下車、徒歩5分
13:00	名古屋城
↓	徒歩約20分 名古屋城正門から県道215号を経由して、名古屋市市政資料館まで
15:00	白壁エリア
↓	約30分 徳川園から大曽根駅まで徒歩15分、大曽根駅からJR中央本線で13分、名古屋駅下車すぐ
18:30	JR セントラルタワーズ・JR ゲートタワー／ミッドランドスクエア
↓	徒歩約5分 ミッドランドスクエアから名古屋駅まで
21:30	名古屋駅

洗練を増す大都市を牽引する
栄の 2大ランドマーク

中部電力 MIRAI TOWER
ちゅうぶでんりょくミライタワー
➡ P.49

日本初の集約電波鉄塔で、国の有形文化財にも登録されている観光地。昭和29年(1954)の開業以来初となる改修工事を経て、2020年9月にリニューアル。

オアシス21 ➡ P.48
オアシスにじゅういち

水が流れるガラスの屋根が美しく、宇宙船のような姿が印象的な複合施設。季節や時間ごとに変わるライトアップも必見。

街の繁栄を今に伝える
金鯱城

名古屋城 ➡P.60
なごやじょう

徳川家康の命により築城。歴史遺産や金のシャチホコ、四季折々の美しい景観など見どころが豊富。歴史と文化がここに凝縮している。

本丸御殿の華やかな陶壁画

［プランニングのアドバイス］

名古屋に残る歴史情緒を満喫したいなら、名古屋駅から久屋大通駅へ向かう地下鉄桜通線の国際センター駅で下車して、土蔵や町家が残る四間道・円頓寺界隈(P.40)の散策がおすすめ。ほかにも名古屋城から白壁エリアへ向かう途中には、名古屋市役所本庁舎や愛知県庁本庁舎(P.94)などの重厚な近代建築が見られる。海の玄関口としての名古屋の魅力にふれたいなら、久屋大通駅や栄駅から地下鉄名城線に乗車し、金山駅で名鉄線に乗り換えて名古屋港(P.82)を訪れたい。名古屋での移動手段は地下鉄のほかに、観光バスのメーグル(P.156)が主要な観光スポットを巡回している。乗り放題チケットもあるので、ぜひ活用したい。

高貴な文化が薫る 白壁エリア を散策

名古屋市市政資料館
なごやししせいしりょうかん

昭和54年(1979)まで中部地方の司法の中心地。ネオ・バロック様式の重厚な建築美が特徴。

➡P.68

文化のみち 二葉館
ぶんかのみち ふたばかん

日本初の女優・川上貞奴と電力王・福沢桃介が暮らした和洋折衷の邸宅を移築復元。

➡P.70

徳川園
とくがわえん

2代目藩主・徳川光友の隠居所として造営された日本庭園。変化に富んだ季節の景観が見事。

➡P.66

徳川美術館
とくがわびじゅつかん

尾張徳川家に伝わる名品や国宝『初音蒔絵調度』などを収蔵。さまざまな企画展も開催される。

➡P.67

今なお進化を続ける
名駅の 高層ビル

JRセントラルタワーズ・JRゲートタワー
ジェイアールセントラルタワーズ・ジェイアールゲートタワー

JR名古屋駅の真上にそびえ立つ2つの円筒形タワーJRセントラルタワーズと隣接するJRゲートタワー。ホテル、百貨店やレストラン街などが入っている。

➡P.34

ミッドランドスクエア ➡P.34

名古屋一の高さを誇るビル。スカイプロムナード(P.37)の回遊型の展望デッキから名古屋市街地をほぼ360度見渡せる。

高さ247mを誇るランドマーク

ものづくり文化が紡ぐ優美な技の世界へ

営々と受け継がれてきた作り手の思いを感じ、伝統と文化の歩みを知る。

2日目

9:50 名古屋駅

約10分
名鉄名古屋駅から名鉄名古屋本線で2分、栄生駅下車、徒歩3分

10:00 ノリタケの森／トヨタ産業技術記念館

約30分
栄生駅から名鉄名古屋本線・準急で20分、有松駅下車、徒歩5分

13:30 有松

約40分
有松駅から名鉄名古屋本線・急行で名鉄名古屋駅まで22分、地下鉄東山線に乗り換えて5分、栄駅下車、徒歩3分

16:00 栄

約5分
栄駅から地下鉄東山線で名古屋駅まで5分

19:00 名古屋駅

プランニングのアドバイス

トヨタ産業技術記念館やノリタケの森から名古屋城方面へ向かう途中の地下鉄・浅間町駅周辺には、名古屋扇子の末廣堂（P.127）や名古屋黒紋付染の山勝染工（P.127）など伝統工芸を扱うお店が点在。焼物に興味があるならば、名古屋駅から電車で30分ほどで行ける常滑（P.146）がおすすめ。ショップはもちろん散策路や常滑焼の歴史にふれられる施設なども充実。昼食は有松に向かう前に名古屋駅で下車し、地下街（P.33）や駅ビル（P.34）内でとるのがよい。栄エリアは名古屋随一の繁華街だけあって、高級フレンチ（P.98）、なごやめし（P.106）など食事処は豊富。

世界に誇る近代産業が学べる 博物館 へ

ノリタケの森 ➡P.39
ノリタケのもり

老舗洋食器メーカー・ノリタケの複合施設。往年の名作や職人の製造工程などが見学できる。

トヨタ産業技術記念館
トヨタさんぎょうぎじゅつきねんかん
➡P.38

トヨタグループの発祥地に残る工場を利用した博物館。繊維機械や自動車技術の変遷を紹介。

趣深い町家が残る 有松 の伝統に親しむ

有松・鳴海絞会館 ➡P.80
ありまつ・なるみしぼりかいかん

江戸時代から続く有松絞りの歴史や技法を紹介。体験実習や小物など作品の販売も行う。

まり木綿 ➡P.81
まりもめん

2人の若手女性職人によるギャラリーショップ。カラフルな色使いの絞り雑貨などが揃う。

↑旧東海道沿いの宿場町として知られ、有松絞りで栄えた有松の街並み。古風な建物を生かしたショップやカフェにも立ち寄りたい

栄 で生活に彩りを添える逸品を手に入れる

m. m. d
エムエムディー
➡P.47

吹き抜けの空間にモダンなデザインを取り入れた瀬戸焼など700点ほどの商品が並ぶ。

七宝の魅力を身近に体感

安藤七宝店
あんどうしっぽうてん
➡P.126

無形文化財に指定されている尾張七宝を扱う。ギャラリーでは貴重な作品を展示している。

歴史情緒が漂う下町界隈をそぞろ歩き

大都市に残るレトロな建築物や、ハイセンス&ユニークなお店を訪ねる。

3日目

9:45 名古屋駅

約15分
名古屋駅から地下鉄東山
線で伏見駅まで3分、地下
鉄鶴舞線に乗り換えて2
分、大須観音駅下車すぐ

10:00 大須

約30分
大須観音駅から地下鉄鶴
舞線で伏見駅まで2分、
地下鉄東山線に乗り換
えて11分、覚王山駅下
車、徒歩10分

13:00 覚王山

約30分
覚王山駅から地下鉄東山
線で栄駅まで9分、地下
鉄名城線に乗り換えて
12分、神宮西駅下車、徒
歩7分

16:00 熱田神宮

約10分
神宮前駅から名鉄名古屋
本線で名鉄名古屋駅まで
7分

19:00 名古屋駅

プランニングのアドバイス

大須観音駅近くの白川公園で
は名古屋市科学館(P.50)や名
古屋市美術館(P.51)などのミュ
ージアムめぐりが楽しめる。ま
た、覚王山駅から地下鉄で1駅
進み、個性豊かなお店が集う本
山(P.74)へ行くのもおすすめ
で、本山駅からは地下鉄名城線
で神宮西駅へ向かうことができ
る。熱田の観光は熱田神宮が中
心だが、白鳥庭園(P.76)など
散策が楽しめる場所も訪れた
い。食事処は、大須にあるす
家(P.112)の味噌カツなど、な
ごやめしを楽しみたい。熱田神
宮の参拝のあとはあつた蓬莱軒
本店(P.106)で名物のひつまぶ
しをいただきたい。

活気あふれる 大須 の 下町風情を楽しむ

大須観音 ➡P.56
おおすかんのん

朱色の建築が目を引く大
須のシンボル。大須文庫
には、『古事記』の写本
をはじめ、多くの貴重な
書物が所蔵されている。

⤴年齢、性別、国籍を問わず、さまざまな文化が集まる大須。
多彩なお店が並ぶ商店街は常に賑わっている

「昔ながら」と新感覚が 共存する 覚王山 へ足を運ぶ

日泰寺 ➡P.73
にったいじ

日本で唯一の超宗派寺
院。タイ国より拝受し
た釈迦の御真骨とタイ
の国宝「金銅釈迦如来
像」を安置するために
創建された。

揚輝荘 ➡P.72
ようきそう

大正から昭和初期にか
けて株式会社松坂屋の
初代社長によって構築
され、迎賓館や社交場
として賑わった。

約1万坪にも
およぶ敷地

日本神話が息づく 由緒ある社 へ

熱田神宮 ➡P.76
あつたじんぐう

三種の神器のひとつ「草薙神
剣」を祀る。皇室との関わり
も深く、伊勢神宮に次ぐ尊い
お宮として崇敬を集める。

年間約700万人
が訪れる

21

大都会を鮮やかに染める

四季の花彩る名古屋

名城のすぐそばで、オフィス街の真ん中で、美しく色づく四季の花々や木々。
折々の色彩に包まれ、華やきをみせる大都市を歩いてみたい。

名古屋城 ➡P.60

なごやじょう

名古屋城 **MAP** 付録 P.4 B-3

堂々と咲き誇る約1000本
の桜。桜以外にも年間を
通して花まつりが多数開
催。折々の花に囲まれた
城が威厳を増す。

城をいっそう際立たせる
荘厳で華麗な桜

3月下旬〜4月上旬が見頃で、
天守閣と桜の共演が楽しめる

春
芽吹く季節を歩く

東山動植物園 →P.84

ひがしやまどうしょくぶつえん

東山公園 MAP 付録 P.15 F-4

園内にある「しゃくなげの森」では、4月中旬にシャクナゲが見頃を迎える。ほかにも園内では、さまざまな植物を見ることができる。

園内をピンクに染める華やかなシャクナゲ

150種約900本のシャクナゲが植えられている

名城公園 →P.65

めいじょうこうえん

名古屋城周辺 MAP 付録 P.4 B-1

多くのツツジやハナショウブに彩られる池の周りがなんとも魅力的。フラワープラザでは花に関する展示会や講演会イベントを開催。

4月下旬〜5月上旬にかけてツツジが池の周りをピンクに染める

約5万株ものツツジが春の彩りに拍車をかける

川の両岸で咲き誇る約600本のソメイヨシノ

山崎川沿いを散策しながら、のんびりとお花見が楽しめる

山崎川 四季の道
やまざきがわしきのみち

瑞穂 **MAP** 付録 P.2 C-2

閑静な住宅街の中に位置する、約2.5kmにもわたる桜並木。木造の鼎小橋近くでは、夜の幻想的なライトアップも人気。

☎052-953-7584（名古屋おしえてダイヤル） 🚃瑞穂区の石川橋から落合橋 🚇地下鉄・瑞穂区役所駅から鼎小橋まで徒歩13分 Ｐなし

春

辺り一面をブルーに染める華やかなネモフィラ畑

春には桜やネモフィラ、パンジーなどが美しく咲き誇る

農業文化園・戸田川緑地
のうぎょうぶんかえん・とだがわりょくち

春田野 **MAP** 付録 P.2 A-2

戸田川沿い約2.5kmに広がる公園。園内には四季折々の花が咲き、フラワーセンターでは温室内でさまざまな植物を楽しめる。

☎052-302-5321 🚃港区春田野2-3204 🚇JR春田駅から南陽巡回市バス（右回り）で39分、戸田川緑地下車すぐ Ｐあり（初夏の物語、秋の物語期間中は有料）

夏
青空に映える花々

薄紫色に包まれる アジサイの散歩道

鶴舞公園 ➡ P.84
つるまこうえん

鶴舞 **MAP** 付録 P.2 C-2

約2300株のアジサイが植えられており、6月になると、彩り豊かな花々を愛でながら散策が楽しめる。セイヨウアジサイをはじめ多品種のアジサイが園内を彩る。

菖蒲池に沿ってアジサイが咲く「アジサイの散歩道」が見事

園内に咲き誇る 色とりどりのユリ

千種公園
ちくさこうえん

千種 **MAP** 付録 P.2 C-1

約1万球が咲き競うユリ園が名所。市民の憩いの場である公園には噴水広場や並木道なども設けられ散策が楽しい。

☎052-781-5211（千種土木事務所）
🏠千種区若水1 🚇地下鉄・今池駅から徒歩15分 🅿なし

例年10品種以上のユリが植えられ、6月初旬に見頃を迎える

秋
街を包む温かな彩り

モミジやドウダンツツジなど約100本の木々が鮮やかに色づく

水面に映る朱色に暮秋の風情が漂う

徳川園 ➡P.66
とくがわえん

白壁周辺 MAP 付録 P.7 F-2

庭園全体が赤や黄に色づき、緑とのコントラストが美しい。紅葉祭では演奏会なども開かれる。見頃は11月下旬～12月上旬。

秋の深まりを感じる紅葉ライトアップ

白鳥庭園 ➡P.76
しろとりていえん

熱田 MAP 付録 P.17 D-2

広大な庭園が深紅に染まる。色鮮やかな紅葉や雪吊りが澄んだ池の水鏡に映り、昼間とは違った幻想的な景色となる。

紅葉イベント「観楓会」では、茶会、マルシェなども開催

黄色く染まる並木道に
晩秋の訪れを知る

桜通
さくらどおり

丸の内 **MAP** 付録 P.10 A-3

地下鉄・国際センター駅から丸の内駅にかけて秋には約120本のイチョウが道路の両端を飾る。散歩に最適なストリート。

所中村区名駅 5 から中区錦 1
交地下鉄・丸の内駅／国際センター駅からすぐ Pなし

紅葉したイチョウ並木が通りを
黄金に染め上げる光景は圧巻

庄内緑地
しょうないりょくち

山田町 **MAP** 付録 P.2 B-1

10月に入ると秋バラや、ピンク、白、黄色などのコスモスが咲き始める。ほかにも季節ごとの花が楽しめ、レジャーにも向いた公園。

☎052-503-1010
(庄内緑地グリーンプラザ)
所西区山田町上小田井敷地
3527 交地下鉄・庄内緑地公園
駅からすぐ Pあり(有料)

色とりどりのバラやコスモスが
秋の到来を伝える

80 種約 2100 株のバラが美しく
咲き誇り、園内に彩りを添える

冬

力強く咲き誇る

春先に見事な花が咲く
「ならずの梅」が彩る

熱田神宮 → P.76
あつたじんぐう

熱田 **MAP** 付録 P.17 F-2

室町時代の古絵図にも描かれている古木。花は咲いても実をつけないと伝わることから、「ならずの梅」と呼ばれる。

高さ約3mもある大木に薄桃色の可憐な八重の花が咲く

約12品種約700本のしだれ梅があたりを上品な香りで包み込む

可憐な白と桃色で染まる
しだれ梅の名所

名古屋市
農業センター
なごやしのうぎょうセンター

天白 **MAP** 付録 P.3 E-3

農業に親しみ、憩いの場として知られる施設。国内有数のしだれ梅の名所で、2月下旬から見られる。

☎ 052-801-5221 　鈴 天白区天白町平針黒石2872-3 　休 月曜（祝日の場合は翌日）　交 地下鉄・平針駅から徒歩20分または市バス・地下鉄原行きで4分、農業センター北下車、徒歩5分　P あり（土日祝日500円、しだれ梅まつり期間1000円）

29

ニュース＆トピックス

大人気テーマパークの開業など、名古屋の最新観光情報をチェック。
変化し続ける名古屋の街を満喫しよう。

2023年11月に開園した「もののけの里」のタタリ神（オブジェ）

ジブリパーク でアニメーションの世界を探検しよう！

開業以来、多くの人がつめかける大人気施設。2024年3月には新エリアが開業予定。

ジブリパーク　2022年11月オープン

スタジオジブリの世界観を体感できるジブリパーク。「ジブリの大倉庫」「青春の丘」「どんどこ森」「もののけの里」の4つのエリアに続いて、2024年3月には「魔女の谷」エリアが開園。

長久手 MAP 付録P3F-1
☎0570-089-154 ⏶長久手市茨ケ廻間乙1533-1 愛・地球博記念公園内 🕐10:00～17:00 ⏰火曜 ⏲リニモ・愛・地球博記念公園駅すぐ ⏳最新情報は公式HPにて確認 Ｐ愛・地球公園の駐車場を利用

ジブリの大倉庫にあるネコバスルーム。『となりのトトロ』の世界観に浸りたい！※ネコバスで遊べるのは小学生（12歳以下）が対象

どんどこ森のサツキとメイの家。どこか懐かしい雰囲気

パークの玄関口にある、青春の丘のエレベーター塔

© Studio Ghibli

名古屋駅近くに誕生した長期滞在にも快適な ホテル

リーズナブルな料金で快適な滞在ができるホテルが新たにオープン。

コートヤード・バイ・マリオット名古屋　2022年3月オープン
コートヤード・バイ・マリオットなごや

伏見駅に近く、観光に便利な立地。客室には、名古屋の伝統工芸「有松絞り」を使ったクッションが置かれ洗練された雰囲気が漂う。フィットネスセンターやバーラウンジもあり、長期の滞在にもぴったり。

名古屋駅周辺 MAP 付録P2 C-2
☎052-228-2220
⏶名古屋市中区栄1-17-6
⏲各線・伏見駅から徒歩8分
Ｐあり（有料・宿泊者専用）
🕐15:00 out12:00 ⏳360室
⏱1泊朝食付1万9965円～

上質で快適なホテルライフが楽しめる客室

国際色豊かな料理を楽しめるレストラン

鶴舞公園に誕生した商業施設 TSURUMA GARDEN に注目

緑の美しい都市公園・鶴舞公園に商業施設が誕生し、散策がより楽しくなる！

TSURUMA GARDEN　2023年5月オープン
ツルマ ガーデン

名古屋市民の憩いの場で、桜の名所としても名高い鶴舞公園内に、新しい商業施設が誕生。園内の3エリアに、可愛いらしいスイーツや韓国料理店、本格そば店、カフェなど16店舗が続々とオープンし注目を集めている。

鶴舞 MAP 付録P2 C-2
⏶名古屋市昭和区鶴舞1-1 鶴舞公園 ⏲各線・鶴舞駅からすぐ ⏰店舗により異なる Ｐあり（有料）

「あいち認証材」のスギやヒノキを使用

自然豊かな公園に溶け込むデザイン

歩く・観る

❖

徳川家康による壮大な都市移動で
誕生した名古屋。人々が築き上げてきた
華やかな文化を映した姿や、
幾多の時を経ても変わらぬ精神が
旅人をひきつける。
進化を続ける都市の
今と昔を見つめる旅の始まり。

繁栄を極めた
城下町の
変遷をたどる

名古屋駅周辺

なごやえきしゅうへん

新ビルが続々オープンする名古屋駅周辺。
最先端とレトロが、共におもしろさを
競うようにますます進化している。

歩く・観る●名古屋駅周辺

摩天楼のすぐ隣に城下町の面影
新旧の魅力が混在する街の玄関口

2棟の円筒形タワーがそびえる巨大ターミナル、名古屋駅。開業は明治19年(1886)、3度目の再建で現在地に移転し、今や新幹線、JR、私鉄、地下鉄など各線が乗り入れ、多くの利用客が行き交う。駅や周辺のビルにはグルメやショッピングスポットが集まり、将来予定されるリニア中央新幹線開業の未来図を予感させる。同時に、近年は町家を改装したレストランなどの出店が続く古い街、四間道界隈の賑わいも見逃せない。

観光のポイント

高層ビルからの眺望を楽しむ
高さ247mを筆頭に立ち並ぶ高層ビルからの眺めを昼夜ともに楽しめる

歴史ある街並みを歩く
江戸時代の情緒が漂う四間道や円頓寺界隈も新旧の注目スポットが多い

多彩なグルメを堪能する
名古屋発の名店から初進出の人気店まで、高層ビルに集まる話題の味覚を満喫したい

城下町の面影を残す街並み
四間道・円頓寺

しけみち・えんどうじ

駅から徒歩15分のところにある土蔵や町家が並ぶ四間道と、江戸時代が起源の円頓寺商店街。若者も注目のエリア。

地下街エスカ直結の駅西口
太閤通口

たいこうどおりぐち

ビジネスホテルが多く、グルメやみやげ店が揃う地下街エスカに直結している。駅の外にある噴水広場が目印。

高層ビルが立ち並ぶエリア
桜通口

さくらどおりぐち

ミッドランドスクエアをはじめ高層ビル群が集中する最も賑やかなエリア。熱気あふれる柳橋中央市場もある。

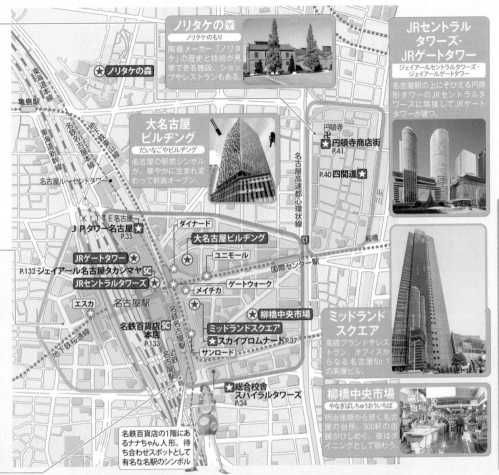

ノリタケの森
ノリタケのもり
陶器メーカー「ノリタケ」の歴史と技術が見学できる施設。ショップやレストランもある。

★ノリタケの森

大名古屋ビルヂング
だいなごやビルヂング
名古屋の駅前シンボルが、華やかに生まれ変わって新装オープン。

卍円頓寺
★円頓寺商店街 P.41

P.40 四間道★

JRセントラルタワーズ・JRゲートタワー
ジェイアールセントラルタワーズ・ジェイアールゲートタワー
名古屋駅の上にそびえる円筒形タワーのJRセントラルタワーズに隣接してJRゲートタワーが建つ。

東海道本線
亀島駅
東海道新幹線
名鉄名古屋本線
名古屋ルーセントタワー

名古屋高速都心環状線

堀川
桜橋

KITTE名古屋
★JPタワー名古屋 P.35

★ダイナード

★大名古屋ビルヂング
★ユニモール

★JRゲートタワー
P.132 ジェイアール名古屋タカシマヤ SC

国際センター駅 C1

★JRセントラルタワーズ SC
★メイチカ
★ゲートウォーク

エスカ
名古屋駅
★柳橋中央市場

名鉄百貨店本店 P.133

★ミッドランドスクエア
★スカイプロムナード P.37
サンロード

ミッドランドスクエア
高級ブランドやレストラン、オフィスからなる名古屋No.1の高層ビル。

名鉄名古屋駅
近鉄名古屋駅
地下鉄桜通線

★総合校舎
スパイラルタワーズ P.34

柳橋中央市場
やなぎばしちゅうおういちば
明治後期から続く名古屋の台所。300軒の店舗がひしめく。夜はダイニングとして賑わう。

名鉄百貨店の1階にあるナナちゃん人形。待ち合わせスポットとして有名な名駅のシンボル

名古屋駅周辺

名古屋駅に直結する6つの地下街

日本で最も早く地下街が発展した名古屋。各高層ビルともつながっている便利な地下街を使いこなしたい。

■エスカ ⟶P.133

MAP 付録P.8 B-3
新幹線の駅からすぐ。名古屋みやげ、グルメの店がずらりと並ぶ。

■サンロード

MAP 付録P.9 D-4
日本最古の本格地下街。ミッドランドスクエアに直結している。

■メイチカ

MAP 付録P.8 C-3
生活雑貨やおみやげが揃い、各地下街とも接続する地下の大動脈。

■ダイナード

MAP 付録P.8 C-3
大名古屋ビルヂングの地下街。名古屋駅、ユニモールとも連絡。

■ゲートウォーク

MAP 付録P.8 C-3
JRゲートタワー開業に伴い、「テルミナ」から改称、新装した。

■ユニモール

MAP 付録P.9 D-3
ファッション、コスメ、カフェなど女性に人気の店舗が並ぶ。

名駅周辺にそびえ立つ摩天楼

新ビルのオープンラッシュが続いた名古屋駅前。将来のリニア中央新幹線開業に向けて、
近未来の名古屋を想像させる街並みが生まれつつある。

総合校舎
スパイラルタワーズ

そうごうこうしゃスパイラルタワーズ
MAP 付録P.9 D-4

**らせんを描く独特のフォルムは
社会に羽ばたく若者たちの姿**

名古屋モード学園、HAL名古屋、名
古屋医専、国際ファッション専門職
大学、名古屋国際工科専門職大学、
東京通信大学の総
合校舎。1階から地
下2階には商業施設
が入る(学校フロア
は立ち入り禁止)。
☎店舗により異なる
所中村区名駅4-27-1
営店舗により異なる
交各線・名古屋駅から
徒歩3分 Pあり

ミッドランドスクエア

MAP 付録P.9 D-3

**世界のハイブランドが集まる
名古屋一の高層ビル**

高さ247mを誇るビル。ルイ・ヴィト
ン、カルティエなど高級ブランドやレ
ストラン、カフェが入り、オフィス棟
の44〜46階に位置するスカイプロム
ナード(P.37)から
は、ほぼ360度の
眺望が楽しめる。
☎052-527-8877(総合
インフォメーション)
所中村区名駅4-7-1
営11:00〜23:00(ショップ
は〜20:00)※店舗に
より異なる 休無休
交各線・名古屋駅から
徒歩4分 Pあり

JRセントラルタワーズ・
JRゲートタワー

ジェイアールセントラルタワーズ・ジェイアールゲートタワー
MAP 付録P.8 C-3

**名駅のランドマークタワーに
トレンドが一堂に集結**

2つの円筒形タワーJRセントラル
タワーズと隣接するJRゲートタワーに
は、ホテルやオフィス、百貨店、レ
ストラン街などさまざまな施設が集ま
る。両建物は15階以下のすべての
フロアでつながっている。
☎052-586-7999(タワーズ・
ゲートタワーインフォメーショ
ン9:00〜20:00)所JRセ
ントラルタワーズ中村区名駅
1-1-4 JRゲートタワー中村
区名駅1-1-3 営店舗に
より異なる 交各線・名古
屋駅直結 Pあり

名古屋ルーセントタワー
東海道新幹線
名鉄名古屋本線
JPタワー名古屋
東山線 地下鉄
JRゲート
タワー
大名古屋
ビルヂング
名古屋駅
ミッドランドスクエア
地下鉄桜通線
名鉄名古屋駅
近鉄名古屋駅
JRセントラル
タワーズ
総合校舎
スパイラル
タワーズ

高さ245m
JRセントラルタワーズ(オフィス棟)

高さ226m
JRセントラルタワーズ(ホテル棟)

高さ170m
総合校舎
スパイラルタワーズ

高さ247m
ミッドランドスクエア

高さ約175m
大名古屋ビルヂング

近年、急成長のささしまライブエリアにも注目

名古屋駅からあおなみ線で1駅先のささしまライブ駅周辺に広がるエリア。大型エンタメ施設が建つほか、2017年10月に開業した高層ビルグローバルゲートには、ホテル（P.138）や名古屋初進出のお店などが入っている。

大名古屋ビルヂング

だいなごやビルヂング

MAP 付録P.9 D-3

名古屋駅前に高感度な約80店舗が大集結！

上質なショップからレストランまで多数集まるビル。国内最大級の高級時計ゾーン「タカシマヤウオッチメゾン」や全国各店の名店、地元の人気店などのグルメが集結。

☎052-569-2604
㊟中村区名駅3-28-12
㊟11：00～21：00（カフェ、レストランは～23：00）※一部店舗により異なる ㊡無休
㊝各線・名古屋駅直結
㋿あり

JPタワー名古屋

ジェイピータワーなごや

MAP 付録P.8 C-2

KITTE名古屋が入居する名古屋駅直結の複合ビル

ショップやカフェ、ダイニングなどさまざまな店舗が揃う「KITTE名古屋」が入居。地下1階のグルメ通り「BIMI yokocho」には名古屋名物をはじめとする人気店が並ぶ。

☎052-589-8511
（KITTE名古屋サービスセンター 平日10：00～17：30） ㊟中村区名駅1-1-1 ㊟ショップ10：00～20：00、レストラン11：00～23：00※一部店舗により異なる ㊡1月1日
㊝各線・名古屋駅から徒歩1分 ㋿あり

高さ220m
JRゲートタワー

高さ195m
JPタワー名古屋

名古屋ルーセントタワー
カーブした全面ガラスのビル。地下道で名駅と連絡

ビル内の紹介スポット

時代の最先端をいく駅ビルには、多彩なショップやレストランが集う。東京からの出店も多い。

ミッドランドスクエア

観光スポット
▶展望スポット
　スカイプロムナード（44～46F）・・・P.37

レストラン＆カフェ
▶スイーツ ピエール マルコリーニ 名古屋（B1）
　・・・・・・・・・・・・・・・・・・ P.42／P.130
▶スペイン料理 バル デ エスパーニャ ムイ
　名古屋ミッドランド店（4F）・・・・・・・P.43
▶イタリア料理
　ENOTECA PINCHIORRI（42F）・・P.100

JRセントラルタワーズ

レストラン＆カフェ
▶台湾料理
　鼎泰豐 名古屋店（12F）・・・・・・・P.105
▶中国料理
　中国料理「梨杏」（18F）・・・・・・・P.104
▶バー
　スカイラウンジ「ジーニス」（52F）・・P.121

ショップ
▶デパート ジェイアール名古屋タカシマヤ
　（B2～11F／51F）・・・・・・・・・・P.132
▶スイーツ
　pâtisserie Sadaharu AOKI paris
　ジェイアール名古屋タカシマヤ店（B1）
　・・・・・・・・・・・・・・・・・・・・・P.130

ホテル
▶ホテル
　名古屋マリオットアソシアホテル（15～52F）
　・・・・・・・・・・・・・・・・・・・・・P.136

大名古屋ビルヂング

レストラン＆カフェ
▶カリフォルニア料理
　Salt Water by David Myers（1F）・・P.43

JPタワー名古屋

レストラン＆カフェ
▶南インド料理 エリックサウス
　KITTE名古屋店（B1）・・・・・・・P.43
▶スイーツ ラ・メゾン・ジュヴォー（1F）
　・・・・・・・・・・・・・・・・・P.42／P.131

名駅周辺にそびえ立つ摩天楼

名古屋市街を眼下に収めるワイドな眺め

シティビュー 昼の顔と夜の顔

街並みを手に取るように俯瞰する超高層ビル最上階の展望フロア。
繁華街が間近に迫る空中街路からは、よりリアルな街の姿が楽しめる。

名古屋城 ➡P.60
なごやじょう
高さ36mの天守も一望。夜間ライトアップでは美しく浮かび上がる

バンテリンドーム ナゴヤ ➡P.84
野球の試合以外にも、コンサートや展示会などが行われる

中部電力 MIRAI TOWER ➡P.49
ちゅうぶでんりょく ミライ タワー
日本で初めて集約電波鉄塔として開業。名古屋を代表するランドマーク

桜通

スカイプロムナードからの眺望。濃尾平野の一部であり、見渡すかぎりどこまでもフラットな地形が広がる名古屋市街地

スカイプロムナードから見る夜の眺望。華やかな街明かりに包まれた名古屋の夜景は奥行きが感じられ、ダイナミックな印象

ミッドランドスクエア44-46F

スカイプロムナード

MAP 付録P.9D-3

東海一の超高層ビルからの眺望
オープンエアの屋外展望スポット

オフィス棟44〜46階に位置する屋外型展望施設。地上約220mの高さにある回遊型の展望デッキから名古屋市街地をほぼ360度見渡すことができる。オフィス棟1階からシースルー・ダブルデッキ、シャトルエレベーターに乗り、42階のチケットロビーへ。

↑44階部分に芝生エリア、デッキベンチエリア、プロムナードエリアのくつろぎ空間が新設

☎052-527-8877（総合インフォメーション）
🏠中村区名駅4-7-1 ⏰11:00〜22:00（時期や天候により変動あり）🚫荒天時 💴大人1000円
🚃各線・名古屋駅から徒歩4分 🅿あり（有料）

名古屋市科学館 ➡P.50
なごやしかがくかん

内径35mの巨大な球体の中に、ギネスに認定された世界最大のプラネタリウムがある

錦通

夜景や食事が楽しめる展望スポットへ

東山動植物園(P.84)に隣接する高さ134mの展望タワー。恋人の聖地にも選定され、日本夜景遺産にも選ばれた夜景スポットとしても人気。最上階ではカジュアルなイタリアンを景色と一緒に楽しめる。

東山スカイタワー
ひがしやまスカイタワー

東山公園 MAP 付録P.3D-2

☎052-781-5586 🏠千種区田代町瓶杁1-8
⏰9:00〜21:30（入館は〜21:00）
🚫月曜（祝日の場合は翌日）💴300円
🚃地下鉄・星ヶ丘駅から徒歩15分
🅿あり（17:00からは無料）

↑パスタを中心としたメニューや夜のペアコースがおすすめ

↑動植物園の隣にそびえ立つ

↑展望室からは名古屋の景色を一望できる

名古屋のものづくり2大メーカー

日本の技術力の礎を築いた近代産業の隆盛を今に伝える企業博物館。思わず引き込まれる展示が並ぶ。

トヨタ産業技術記念館

トヨタさんぎょうぎじゅつきねんかん

MAP 付録P.2 B-1

トヨタグループ発祥の地に建つ
圧巻のスケールに驚く産業遺産

トヨタグループ17社が共同運営する博物館。トヨタグループ発祥の地に残された赤レンガ造りの工場を、産業遺産として保存・活用し設立。繊維機械と自動車に関わる技術の変遷を、本物の機械の実演や解説映像でわかりやすく紹介している。

☎052-551-6115 **所**西区則武新町4-1-35 **時**9:30～17:00(入館は～16:30) **休**月曜(祝日の場合は翌日) **料**1000円 **交**名鉄・栄生駅から徒歩3分 **P**あり

➡赤レンガ造りの工場を活用

蒸気機関
100年以上前に造られ、産業遺産としても貴重。力強い動きは迫力満点

金属加工コーナー
鋳造(ちゅうぞう)、鍛造(たんぞう)、切削(せっさく)といった金属加工の代表的な技術が間近で見られる

繊維機械館
トヨタグループの創始者・豊田佐吉の足跡から最新の繊維機械までの歴史をたどる

グルメ＆おみやげチェック

➡オリジナルのプルバックカー880円～

➡赤レンガランチ2200円 料理は季節により異なる

自動車館
トヨタの自動車技術の変遷を多角的に紹介。各時代を代表する名車も一挙に展示

➡バイオリン演奏を披露するトヨタパートナーロボット

← 大正3年(1914)の最初のディナー皿から2004年の100周年ディナー皿まで200枚が一堂に見られる

ノリタケミュージアム
明治時代に製造された優美な花瓶や飾り皿、大正〜昭和初期製造の洋食器を展示

ノリタケの森

ノリタケのもり

MAP 付録P.8 C-1

日本の近代陶業発祥の地
緑豊かな複合施設

2001年に創立100周年を記念し本社敷地内の工場跡地に開業した陶磁器の複合施設。工場やミュージアムのほか、ショップやレストラン、カフェを併設。無料開放の緑豊かな園内は人々のオアシスとしても親しまれている。

☎052-561-7114 ㊟西区則武新町3-1-36
㋐10:00〜18:00(施設により異なる)
㋫月曜(祝日の場合は翌平日)
㋓無料(クラフトセンター・ノリタケミュージアムは入館料500円) ㋫地下鉄・亀島駅から徒歩5分 Ｐなし

↱創作フレンチをノリタケ食器で堪能

ノリタケの森ギャラリー
有名作家の個展から市民の美術展まで、幅広い作品を発表している

赤レンガ建築
明治37年(1904)に建造されたかつての工場である赤レンガ建築

クラフトセンター
ボーンチャイナの製造工場となっており、生地製造から熟練職人による素描(ハンドペイント)などの工程が見学できる

↱真っ白なボーンチャイナのお皿やマグカップなどの絵付け体験ができる

グルメ＆おみやげチェック

↱人気のレースウッドゴールドティー・コーヒー碗皿1客2750円

↱ノリタケの食器とともに目と舌で楽しめる創作フレンチランチ2800円〜

江戸情緒と下町風情が漂う街並みの今昔を訪ねる

石畳の上に築かれた土蔵の風景は、名古屋ではほとんど見られない珍しいもの

四間道・円頓寺散策
しけみち・えんどうじ

江戸〜昭和の面影を残す界隈で400年の時を超えて今も残る商人の街の今昔にふれてみたい。

↪大切な商品を延焼から守った今も美しい漆喰の壁

家康が築いた名古屋の原点が時を超えて息づく人情風景

　徳川家康の「清須越」の際に、塩や米などを扱う商人の街として生まれた四間道。漆喰の土蔵を長く連ね、道を四間（約7.2m）に広げて火災の延焼を防いだのが名前の由来ともいわれる。看板や路地に、今も江戸時代の情緒が見え隠れする。隣接する円頓寺商店街は、かつて名古屋の三大繁華街として賑わった通り。一時客足は減少したが、最近ではイベントや新店舗の出店で再び人々が集まり始めている。

↪町家や土蔵造りの建物が並ぶ趣深い景観

1 浅間神社
せんげんじんじゃ
MAP 付録P.9 F-2

街なかにたたずむ古社

神社を覆い尽くすように樹齢300年以上の楠や大イチョウなどの老木が7本も生い茂る古社。正保4年（1647）にこの地に遷座したと伝わり、安産と子育ての神様とされる木花咲耶姫 命を祀る。

所西区那古野1-29-3 開休料境内自由 交地下鉄・国際センター駅から徒歩5分 Pなし

↪10月1、2日に大祭が行われる

2 四間道
しけみち
MAP 付録P.9 F-2

名古屋城築城当時を偲ばせる

白壁の土蔵や格子戸の町家が風情を漂わせる四間道。古民家を改装したショップやレストランなどもある注目エリア。

所西区那古野1付近 開休料見学自由 交地下鉄・国際センター駅から徒歩6分 Pなし

3 子守地蔵尊
こもりじぞうそん
MAP 付録P.9 F-2

地中から掘り出されたお地蔵様

四間道の細い路地の奥にひっそりたたずむ社。江戸末期、井戸を掘った際に発見されたといわれる小さなお地蔵様が祀られている。

所西区那古野1-34-7 開休料見学自由 交地下鉄・国際センター駅から徒歩7分 Pなし

子育て・安産のご利益がある古刹。毎月18日は縁日で賑わう

大国主命を祀る古社。名古屋弁のおみくじがユニーク

清須越で城下の五条川に架けられていた橋も移築

円頓寺商店街 **4**

円頓寺 卍

金刀比羅神社

円頓寺銀座街

五条橋

★那古野ハモニカ荘 P.41

円頓寺商店街の路地裏にある飲み屋街。昭和の雰囲気が残る通りだ

子守地蔵尊 **3**

P.44 みつ林 **R**

屋根神さま

庇屋根に津島・熱田・秋葉の三神を祀る小さなお社

P.41 四間道ガラス館 **S**

川伊藤家

安永元年(1772)築の米穀問屋であった尾張藩御用商人の屋敷

那古野1

2 四間道

R

四間道レストランマツウラ P.44

名古屋高速都心環状線

浅間神社 **1**

中橋

堀川

名古屋国際センタービル

丸の内

桜通 P.28

桜橋

N

0 100m

地下鉄桜通線

桜橋西

名古屋駅

国際センター駅

START&GOAL

H キャッスルプラザ

移動時間◆ 約15分

散策ルート

国際センター駅
こくさいセンターえき

↓ 桜通を東に進み、桜橋西交差点の手前の角で左に。徒歩5分

1 浅間神社
せんげんじんじゃ

↓ 北に進むと、町家や白壁の建物が見えてくる。　徒歩2分

2 四間道
しけみち

↓ 情緒あふれるショップやカフェにも立ち寄りたい。　徒歩1分

3 子守地蔵尊
こもりじぞうそん

↓ 北に進み、アーケード街が見えたら商店街はすぐ。徒歩2分

4 円頓寺商店街
えんどうじしょうてんがい

↓ 商店街の西端にあたる江川線を南に進む。　徒歩5分

国際センター駅
こくさいセンターえき

四間道・円頓寺散策

立ち寄りスポット

4 円頓寺商店街
えんどうじしょうてんがい

MAP 付録P.9 E-1

江戸が起源の個性派商店街

栄、大須と並ぶ三大繁華街で知られ、戦火を免れたことから戦前の面影も。毎月第1日曜日の「ごえん市」や、11月上旬に開かれる「円頓寺 秋のパリ祭」にはグルメや雑貨などのブースや音楽で賑わう。

所西区那古野1 休料店舗により異なる 交地下鉄・国際センター駅から徒歩6分 Pなし

↑カフェやダイニングも出現

那古野ハモニカ荘
なごやハモニカそう

2階には「名古屋山三郎一座」の芝居が楽しめる「カブキカフェ ナゴヤ座」など個性豊かな4店舗が入る。

MAP 付録P.9 F-2

所西区那古野1-21-21
交地下鉄・国際センター駅から徒歩5分 Pなし

カブキカフェ ナゴヤ座
☎080-4223-7583 営昼の部13：30(土・日曜は11：30)〜／夜の部18：30(土・日曜は16：30)〜 休月・火・木曜

↑円頓寺商店街発の見世物「ナゴヤカブキ」が見られる

2階建ての建物を区画分けして複合施設となった

四間道ガラス館
しけみちガラスかん

ガラスの魅力を感じてほしいと、普段使いのものから、県内を中心とした作家作品や伝統工芸品などを取り扱う。

MAP 付録P.9 F-2

☎052-551-1737 所西区那古野1-31-2 営11：00〜17：00 休月曜、第2・4・5日曜 交地下鉄・国際センター駅から徒歩5分 Pあり

→酒ží吹きガラス1万6500円

→棗 サンドブラスト2万7500円
→老舗ガラス卸の直営店

41

チョコレートカラーで落ち着いた雰囲気。おひとりさまの来店も多い

名駅に直結する地下街にあり、チョコが並ぶディスプレイが目を引く

ガトーショコラ 935円
濃厚な味わいのチョコレートケーキ。銀座店オープン当初からの人気メニュー

パフェ オ キャラメル 1980円
2種類のキャラメルアイスクリームと各種クリームのマリアージュが楽しめる

パフェ オ ショコラ 1980円
現地まで出向いて厳選したこだわりのカカオを使用した自慢のパフェ

ミッドランドスクエアB1

ピエール マルコリーニ 名古屋
ピエール マルコリーニ なごや

MAP 付録P.9 D-3

ベルギー王室御用達 人気ショコラティエのカフェ

人気のチョコレートパフェやワッフル、エクレアなど、こだわりのカカオスイーツが味わえる。特別にブレンドした自家焙煎のコーヒーと一緒に楽しみたい。

☎052-582-0456
所中村区名駅4-7-1 ミッドランドスクエアB1
営11:00〜19:00(LO18:30) 休無休
交各線・名古屋駅から徒歩4分
Pミッドランドスクエア駐車場利用

トップパティシエが魅せる芸術品を堪能

洗練スイーツが自慢のカフェ

世界で認められた、スタイリッシュで高級感あふれるスイーツの数々。名駅周辺での休憩には、素敵なカフェ時間でくつろぎたい。

ケーキセット 1056円〜
店内にある好みのプチガトーとソフトドリンクから選べる

JPタワー名古屋1F

ラ・メゾン・ジュヴォー

MAP 付録P.8 C-2

南仏プロヴァンスで生まれた 老舗パティスリー&カフェ

自慢のスイーツが買えるブティックにパンやスイーツを楽しめるカフェが併設。セットメニューも豊富に揃い、朝食、ランチ、夜の軽食までオールタイムで利用できる。

☎052-433-2178
所中村区名駅1-1-1 JPタワー名古屋1F
営10:00〜20:00 休無休 交各線・名古屋駅から徒歩1分 PJPタワー名古屋駐車場利用

中はもっちり、外は香ばしいフランス伝統菓子のカヌレ

店内は南仏プロヴァンスの空や風を感じるような空間が演出されている

広々とした入口をくぐるとまばゆいばかりの本格スイーツが並ぶ

異国の風が薫る食卓

世界中のグルメが集まる名駅周辺。各国の伝統や文化が詰まった本格的な料理を満喫したい。

バル デ エスパーニャ ムイ 名古屋ミッドランド店

ミッドランドスクエア4F

バル デ エスパーニャ ムイ なごやミッドランドてん

スペイン料理

MAP 付録P.9 D-3

絶品パエジャが味わえる 本格的なスペインバル

↑16mもあるロングカウンターは人気の席

予約 望ましい
予算 L 1100円〜
D 4000円〜

ワイン、ビール、タパスや煮込みなど、地物にこだわった味が堪能でき、全面ガラス張りの16mのロングカウンターでは、オープンキッチンならではの躍動感も楽しめる。

☎052-527-8821
所中村区名駅4-7-1ミッドランドスクエア4F 営11:00〜15:00(LO14:00)(土・日曜、祝日〜15:30(LO14:30)) 17:30(土・日曜、祝日17:00〜)〜23:00(LO21:30) 休無休(ミッドランドスクエアに準ずる) 交各線・名古屋駅から徒歩4分 Pミッドランドスクエア駐車場利用

↑ランチでも本格的なパエジャが食べられる。魚介の旨みが凝縮したスープで炊くパエジャは絶品

おすすめメニュー
パエジャランチ 2530円
ランチフルコース 2700円

↑もちもち食感が特徴の自家製パスタは太さや食感など個性の異なる種類が豊富に揃う

↑数種類のディナーコースを用意

大名古屋ビルヂング1F

↑天候の良い日は、テラス席で優雅なひとときを

Salt Water by David Myers

ソルト ウォーター バイ デイビッド マイヤーズ

イタリア料理

MAP 付録P.9 D-3

人気のスターシェフが贈る 本格イタリアン

イタリア人シェフ自慢の自家製生パスタと熱々ステーキが楽しめるオシャレなレストラン。

予約 可
予算 L 1430円〜
D 3000円〜

☎052-414-5423
所中村区名駅3-28-12 大名古屋ビルヂング1F 営11:00〜23:00(LO21:30) 休不定休 交各線・名古屋駅から徒歩3分 P大名古屋ビル駐車場利用

おすすめメニュー
ランチ生パスタ
1298円〜

JPタワー名古屋 B1

エリックサウス KITTE名古屋店

エリックサウス キッテなごやてん

南インド料理

MAP 付録P.8 C-2

一口食べたらクセになる 話題の南インドカレー

↑落ち着いた雰囲気で、スパイスの良い香りが漂う

伝統的な製法による南インドカレーやスパイス料理を提供する専門店。カレー2種類とさまざまな伝統菜食料理をバスマティライス(インドの最高級香り米)とともに楽しめる「エリックミールス」は健康志向の女性に人気。

☎052-433-1780
所中村区名駅1-1-1 JPタワー名古屋B1 営11:00〜23:00(LO22:00) 休無休 交各線・名古屋駅から徒歩1分 P JPタワー名古屋駐車場利用

予約 可(ランチは11:00のみ)
予算 L 1000円〜
D 2000円〜

おすすめメニュー
エリックミールス 1560円
チキンビリヤニプレート 1210円

↑濃厚な味と香りが染み込んだ、ふんわりパラパラのバスマティライスのビリヤニ

43

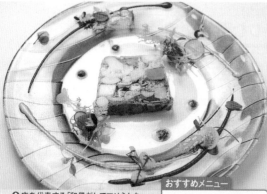

↑店を代表する「和風だしでマリネした農園野菜のテリーヌ」。野菜ごとに違う調理法で旨みを引き出している

四間道にたたずむ名店

和の趣を伝える粋なダイニング

土蔵や町家の古き良き雰囲気をまとう上質な店内で、独創性豊かなフレンチや滋味あふれる和食を味わう。

約370年前の土蔵を活用したフレンチの名店

四間道レストランマツウラ

しけみちレストラン マツウラ

MAP 付録P.9 F-2

↑2つの土蔵が建ち、ひとつはイベントスペースに。整備された庭も美しい

伝統的な街並みが残る四間道。江戸時代に建てられた土蔵をリノベーションしたレストラン。フランスの名店で腕を磨いたシェフによる料理は極上の逸品ばかりだ。

↑フランスのブルゴーニュに何度も足を運んだシェフが厳選したワインも豊富に揃う

☎052-720-5631
所西区那古野1-36-36
営11:30～14:00(LO) 16:00～20:30(LO)
休月曜、第3日曜 交地下鉄・国際センター駅から徒歩5分 Pなし

予約 望ましい
予算
L4400円～
D1万2000円～

↑土蔵のレトロな雰囲気を残しながらもモダンなデザインにリノベートされた店内はゆったりくつろげる

おすすめメニュー
ランチコース 6600円
ディナーコース 1万3200円

職人の技を見ながら一品一品に舌鼓を打つ

みつ林

みつばやし

MAP 付録P.9 F-2

四間道の下町的な小路にたたずむ懐石料理の店。店内は大きな木のカウンター席がメインの割烹風で、和食職人の手仕事を間近に見ながらできたての料理が堪能できる。

☎052-533-5530
所西区那古野1-22-9 営12:00～14:30
(LO13:30) 17:30～22:30(LO20:30)
休日曜、第3月曜(不定休あり) 交地下鉄・国際センター駅から徒歩5分 Pなし

予約 要
予算 L3630円～ D9900円～
※夜のみ別途サービス料550円

↑タイムスリップしたような懐かしい町家風の飲食店が軒を連ねる一角にある

↑ランチ、ディナーともに懐石料理のコース

↑旬の野菜などを使った季節の椀もの。食材の旨みが凝縮されている

↑懐石料理の酒の肴の盛り合わせ「焼き八寸」。この店の八寸は味はもちろん視覚でも十分楽しませてくれる。旬魚は近くの柳橋中央市場からの仕入れ

おすすめメニュー
夜の懐石コース 1万4300円

連日多くの人で賑わう小料理バルドメ。カウンター、テーブル席、半個室もあり、用途に合わせて利用できるのもうれしい

柳橋中央市場に繰り出す夜
活気と滋味の酒場

名古屋の台所として、早朝から大勢の買い物客が集う市場も、日が暮れると、美酒や美食が揃うダイニングに様変わり。

「柳橋中央市場」のこと

明治時代後期に万物問屋がまとまり開設されたのが始まりとされる。以来、名古屋の台所として親しまれ、300軒以上の店が立ち並ぶ。今では日本最大級の規模を誇る民間市場として知られる。

粋なダイニング／活気と滋味の酒場

東海エリアを中心とした
国産・地産にこだわるバル

小料理バルドメ
こりょうりバルドメ

MAP 付録P.9 E-4

店名の由来、ドメスティック&ローカルをテーマに、東海3県の食材にこだわった厳選料理とお酒が楽しめる。その日のおすすめ食材は店内の黒板に記載されるのでチェックしたい。

☎052-485-7888
所中村区名駅4-21-5
営17:00〜23:30(土曜16:00〜)　休日曜、祝日
交各線・名古屋駅から徒歩5分

おすすめメニュー

串揚げ(1本) 120円〜
三河鶏つくねの銀あん掛け 770円

↑まぐろスペアリブ甘辛煮
1400円

↑つまみ各種430円〜

↑体に良いブレンドオイルを使用した串揚げ。東海地区の銘酒とぜひ

予約	可
予算	4000円〜

↑温かみを感じるスタイリッシュな空間

おすすめメニュー

SILVAオールスターズ 3500円
函館スペシャルオーシャンズ
2640円

↑8食限定のチーズ「自家製ブラッティーナ」

予約	可
予算	4000円〜

↑厳選したお肉の盛り合わせのSILVAオールスターズ(2〜3人前、肉の総重量300g)

産地直送の新鮮な海の幸と
職人が厳選した最高の肉を

名駅ダイニング SILVA
めいえきダイニング シルバ

MAP 付録P.9 E-3

素材を炉端でシンプルに焼き、イタリアンをベースにした調理法でいただく大人のダイニング。入口横のマルシェコーナーには、名古屋では流通しづらい良質な食材が豊富に並ぶ。

☎052-446-7772
所中村区名駅4-18-15
営17:00〜23:00(LOフード22:00
ドリンク22:30)　休不定休
交地下鉄・国際センター駅から徒歩2分

栄・伏見・丸の内

さかえ・ふしみ・まるのうち

美しく整備された100m道路を中心に広がる一大繁華街。ショップからグルメ、芸術などすべてが集結し発展し続ける。

歩く・観る●栄・伏見・丸の内

ビル街と古い通りが共存
丸の内
まるのうち

古くからの商店街や老舗が残り、長者町繊維街に新たに誕生したゑびすビルパート1〜3に注目が集まる。

美術館や堀川沿いに注目
伏見
ふしみ

オフィス街にある白川公園には美術館や博物館が建つ。堀川沿いの納屋橋界隈は新たな憩いのスポットに。

白川公園
しらかわこうえん

噴水が目印。敷地内に美術館、科学館が建つ。

名古屋の一大繁華街
栄
さかえ

緑豊かな落ち着いた雰囲気の栄キタと、ファッションビルの多い栄ミナミに分かれる。グルメや買い物などすべてが充実。

城下町づくり思想が生きる商都名古屋のメイン地区

南北を貫く緑豊かな久屋大通を中心に展開する、名古屋の一大繁華街。江戸時代の碁盤割の街づくりと、防火帯として整えられた広い道路を都市計画の基盤として、戦後新たに築かれたエリアだ。市民の憩いの場である久屋大通公園の周辺に最先端スポットが集結する栄、オフィスビルが立ち並ぶ丸の内では昭和に生まれた繊維街が今再び活気をみせる。伏見は堀川沿いが美しく整備されて、流行に敏感な市民たちの集う注目エリアとして賑わっている。

観光のポイント

街の2大シンボルを見学
オアシス21と中部電力 MIRAI TOWER、2つの名所は見応え十分

巨大プラネタリウムで天体観測
名古屋市科学館にある世界最大級のプラネタリウムで星空体験

世界の名画を鑑賞する
名古屋市美術館で地元作家と世界のコレクションに感動

交通information

名古屋駅から地下鉄東山線で伏見駅まで3分、栄駅まで5分/名古屋駅から地下鉄桜通線で丸の内駅まで3分、久屋大通駅まで5分

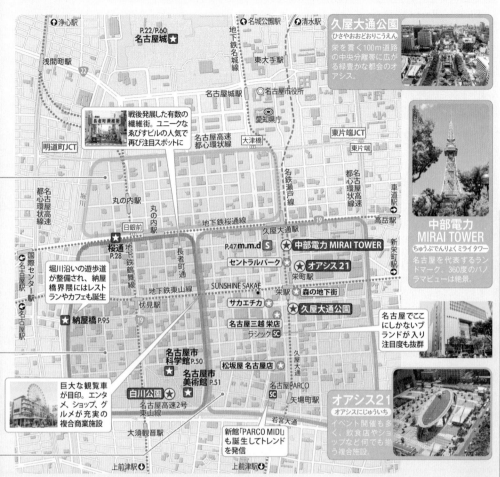

栄・伏見・丸の内

久屋大通公園
ひさやおおどおりこうえん
栄を貫く100m道路の中央分離帯に広がる緑豊かな都会のオアシス。

中部電力 MIRAI TOWER
ちゅうぶでんりょくミライタワー
名古屋を代表するランドマーク。360度のパノラマビューは絶景。

オアシス21
オアシスにじゅういち
イベント開催も多く、飲食店やショップなど何でも揃う複合施設。

◆ 浄心駅

P.22/P.60
名古屋城★

◆名城公園駅 ◆清水駅

地下鉄名城線

東大手駅

浅間町駅 22

名古屋城駅 ◯名古屋市役所
愛知県庁

戦後発展した有数の繊維街。ユニークなゑびすビルの人気で再び注目スポットに

明道町JCT

名古屋高速都心環状線

大津橋

東片端JCT
東片端

堀川

名鉄瀬戸線

名古屋高速都心環状線

車道駅

都心環状線高速

丸の内駅
丸の内

日銀前

地下鉄桜通線

久屋大通駅

19 高岳駅

新栄町駅

都心環状線高速

国際センター駅

桜通 P.28
地下鉄鶴舞線

長者町通

P.47 m.m.d S ◆中部電力 MIRAI TOWER

セントラルパーク

★オアシス21

栄町駅

新栄町駅

名古屋駅

堀川沿いの遊歩道が整備され、納屋橋界隈にはレストランやカフェも誕生

地下鉄東山線

伏見駅

SUNSHINE SAKAE 栄駅 ★森の地下街

★納屋橋 P.95

19

サカエチカ ★

★久屋大通公園

名古屋でここにしかないブランドが入り注目度も抜群

名古屋市科学館 P.50

名古屋三越 栄店 ★
ラシック SC

久屋大通

巨大な観覧車が目印。エンタメ、ショップ、グルメが充実の複合商業施設

★名古屋市美術館 P.51

白川公園

松坂屋 名古屋店 ★

名古屋高速2号東山線

名古屋PARCO SC

矢場町駅

大須観音駅

若宮大通

新館「PARCO MIDI」も誕生してトレンドを発信

オアシス21
オアシスにじゅういち
イベント開催も多く、飲食店やショップなど何でも揃う複合施設。

上前津駅 ◆

上前津駅 ◆

47

栄の地下街

■ セントラルパーク
MAP 付録P.11 E-3
中部電力 MIRAI TOWERの真下にある地下街。女性に人気が高い。

■ 森の地下街 もりのちかがい
MAP 付録P.11 E-4
地下鉄の改札に近い歴史ある地下街。名店が多いと評判。

■ サカエチカ
MAP 付録P.11 D-4
広小路通の下に広がる。老舗が多く、新店も続々オープン。

栄の老舗デパート

松坂屋 名古屋店
まつざかやなごやてん
MAP 付録P.13 D-1
名古屋開府と歴史を同じくする百貨店。名古屋最大級の食品売り場「ごちそうパラダイス」は圧巻。
☎052-251-1111
所中区栄3-16-1 営10:00～19:00（フロアにより異なる）休不定休 地下鉄・矢場町駅直結 P契約駐車場利用

名古屋三越 栄店
なごやみつこし さかえてん
MAP 付録P.11 D-4
コスメやデパ地下グルメまで充実の品揃え。洗練された感度の高いブランドも人気。
☎052-252-1111 所中区栄3-5-1 営地下2階～3階・9階レストラン10:00～20:00、4階～9階（レストラン除く）10:00～19:00 休不定休 地下鉄・栄駅直結 P提携駐車場利用

ショッピングスポット

m.m.d.
エムエムディー
中部電力 MIRAI TOWERの近くにあるモダンな焼物を扱う店。瀬戸焼を現代風にアレンジしたオリジナルブランド「m.m.d.」を販売。
MAP 付録P.11 D-3
☎052-684-6682 所中区錦3-6-5 コインズビル1F 営11:00～20:00 休なし 地下鉄・久屋大通駅から徒歩3分 Pなし

↑m.m.d.ビアカップ2200円

➔ m.m.d.
取皿各1595円

➔ ガラス張りの店舗もおしゃれ

2大ランドマークを訪ねる

個性的なガラスのオブジェが目を引くオアシス21。名古屋市街地のシンボルとして君臨し続ける
中部電力 MIRAI TOWER。隣り合う新旧2つの名所は、常に多くの人で賑わう。

オアシス21
オアシスにじゅういち
MAP 付録P.11 E-3

空中に浮かぶガラスの大屋根「水の宇宙船」がシンボル

水が流れるガラスの大屋根では地上14mの空中散歩を楽しめるほか、くつろぎと憩いの地上公園「緑の大地」、交通の拠点「バスターミナル」、そして地下には「銀河の広場」と、その周りをとりまく約30のショップからなる複合施設。

☟ ガラスの上面を覆う薄い水のベールは井戸水などを使用

☟「銀河の広場」では、毎週さまざまなイベントを開催

☎052-962-1011 所東区東桜1-11-1 時物販店10:00～21:00、飲食店は～22:00、水の宇宙船～21:00(一部店舗により異なる) 休無休(ショップは1月1日、ほか年2回臨時休業あり) 料無料 交地下鉄・栄駅直結 Pなし

緑の大地
みどりのだいち

美しい芝生が広がる都会のオアシス。雨水などを再利用して緑地を管理

水の宇宙船
みずのうちゅうせん

船がモチーフの楕円形の大屋根。四季折々に演出されるライトアップは圧巻

中部電力 MIRAI TOWER

ちゅうぶでんりょく ミライ タワー

MAP 付録P.11 D-3

国の有形文化財にも登録
360度の絶景パノラマビュー

昭和29年(1954)竣工の日本初の
集約電波鉄塔。開業以来初となる
全体改修工事を経て2020年に名前
も新たにリニューアル。グッズショッ
プや飲食店なども加わり、新たな街
のシンボルとして生まれ変わった。
2022年12月にタワーとしては初め
て重要文化財に指定された。

🔸新しくなったラ
イトアップも必見

☎052-971-8546 🏠中区錦3-6-15先 🕙10:00～20:40(土
曜～21:20) 🈂無休(レストランは店舗により異なる)
💴スカイデッキ、スカイバルコニーは展望料金900円(イベン
トにより異なる) 🚉地下鉄・栄駅から徒歩5分 🅿なし

スカイバルコニー

地上100mの屋外展
望台。晴れの日は知
多半島や鈴鹿山脈
まで見渡せる

スカイデッキ

地上90mに位置する
屋内展望台。華やか
な名古屋の夜景を堪
能できる

スカイウォーキング

地上からスカイデ
ッキまで410段の
外階段を上るスリ
ル満点の体験。
土・日曜、祝日の
10～16時のみ

THE TOWER HOTEL NAGOYA

ザ タワー ホテル ナゴヤ

テレビ塔の
意匠を生か
した特別な
空間で宿泊
できるホテル

タワーステーション

景色が楽しめるカフェやオリジ
ナル商品を扱うグッズショップも

2大ランドマークを訪ねる

世界最大級のプラネタリウムを備える科学館へ

宇宙と地球の神秘を体感

「みて、ふれて、たしかめて」がモットーのエンターテインメント性豊かな科学館。
竜巻や稲妻の発生装置など、大人も夢中になれる体験ショーが目白押し。

名古屋市科学館
なごやしかがくかん

MAP 付録P.12 B-1

約260種の多彩な展示・体験
ギネス認定のプラネタリウム

生命館、理工館、天文館の3エリアで構成。世界最大級のプラネタリウムは、最新光学機器によって星の瞬きまで再現され、行列になるほど人気。毎日開催される実演・実験などが充実しており、楽しみながら科学を学ぶことができる。

☎052-201-4486 **所**中区栄2-17-1(芸術と科学の杜・白川公園内) **時**9:30〜17:00(入館は〜16:30) **休**月曜(祝日の場合は翌平日)、第3金曜(祝日の場合は第4金曜)、臨時休館2月20日〜3月13日 **料**800円(展示室のみは400円) **交**地下鉄・伏見駅から徒歩5分 **P**なし

↑白川公園内に位置する

水の広場
20tもの水を使って地球上の水の循環を巨大装置で再現。ショーは1日8回。高さ9mから雨が降るシーンは圧巻

H-ⅡB ロケット
2011年完成の国産大型ロケットの実物と同じ実験用実機を展示

プラネタリウム「NTPぷらねっと」
内径35mを誇り、ギネスに認定された世界最大級の巨大ドームに、約9100個の限りなく本物に近い星空を投影。専門学芸員による生解説も好評

放電ラボ
2基の大型コイルから120万Ⅴの電気エネルギーが放たれ、放電現象のメカニズムを実演

極寒ラボ
防寒着を着用して-30℃の部屋に入り、オーロラを観察したり、本物の流氷、南極の氷に触れる

竜巻ラボ
高さ9mの竜巻を人工的に発生させる。風船や風車を用いて竜巻の仕組みを解説するショーは1日3回(土・日曜、祝日は4回)

極寒ラボは整理券を入手
人気大型ショーのうち「極寒ラボ」は整理券制。週末は早めになくなる場合もあるので、事前に確認しておきたい

アートを感じる知的な時間

芸術文化の一大拠点・名古屋。名作や斬新な切り口のコレクション群を誇るミュージアム、デザインを国際的な観点から紹介するギャラリーなど、幅広いアートスポットが充実。

名古屋市美術館
なごやしびじゅつかん

**世界の名画約8500点を所蔵
メキシコ近代芸術も充実**

エコール・ド・パリ、メキシコ・ルネサンス、郷土の美術、現代の美術の4部門で構成。パリで活躍した荻須高徳など地元出身の作家とゆかりの地域や時代の作品を収集対象とするなど、独自の切り口で知られる。

MAP 付録P.12 B-2
☎052-212-0001
所中区栄2-17-25(芸術と科学の杜・白川公園内) 時9:30～17:00(祝日を除く金曜は～20:00)入館は各30分前まで 休月曜(祝日の場合は翌日) 料300円(常設展、特別展は別途) 交地下鉄・伏見駅から徒歩8分 P白川公園駐車場利用

↑地元出身の建築家・黒川紀章氏設計の白亜の建物。白川公園内にある

→所蔵作品のオリジナルグッズを取り扱うミュージアムショップ

**アメデオ・モディリアーニ
『おさげ髪の少女』**

モディリアーニの晩年の代表作。人物の瞳が描かれているのは数ある作品のなかでも珍しく、素朴な人間の情感を表現。1918年頃作〈名古屋市美術館所蔵〉

国際デザインセンター
こくさいデザインセンター

**多彩なデザインと
クリエイターグッズに出会える**

4階のギャラリーでは企業やデザイナー、デザイン系学生らによる製品発表、個展などを開催。地下1階ではクリエイターの作品が購入できる支援型ショップが楽しめる。

MAP 付録P.13 D-1
☎052-265-2106(クリエイターズショップ・ループ) 所中区栄3-18-1 ナディアパーク・クレアーレB1 時11:00～20:00 休無休(1月1日、入替日を除く) 料無料 交地下鉄・矢場町駅から徒歩5分 Pナディアパーク地下駐車場利用

↑公募で選ばれた地元クリエイターらが出店

愛知県美術館
あいちけんびじゅつかん

**世界の美術動向を垣間見る
20世紀以降の作品が集結**

ピカソやクリムト、横山大観や黒田清輝など、20世紀初頭から現代までを中心とする多様なコレクションを展示するほか、多彩な企画展も開催。

MAP 付録P.11 E-3
☎052-971-5511(愛知芸術文化センター) 所東区東桜1-13-2 愛知芸術文化センター10F 時10:00～18:00(金曜は～20:00)入館は各30分前まで 休月曜(祝日の場合は翌平日) 料500円(企画展は別途) 交地下鉄・栄駅から徒歩3分 Pアートパーク東海駐車場利用(有料)

↑20世紀の国内外の優れた美術作品などを展示

パウル・クレー『蛾の踊り』

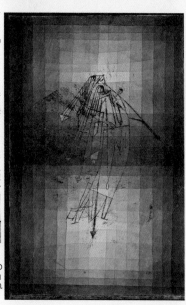

生涯で9000点にも上る作品を残したスイスの画家。独自に生み出した技法「油彩転写素描」で描かれた豊かな線描が特徴的な詩情あふれる作品。1923年作〈愛知県美術館所蔵〉

名古屋城築城とともに開削された人工水路
城下町を支えた大動脈・堀川

市の中央を南北に流れる、400年の歴史を誇る人工の水路、堀川。街発展の大動脈として、そして人々の憩いの場として、時代の変遷のなかで変わらずこの街を支えてきた。

全長約7.2kmにおよぶ堀川が果たした役割

　堀川は、もともと小さな川が流れていたところを開削して造られた人工の水路だ。工事を指揮した福島正則によって、名古屋城西側の龍の口から熱田湊（みなと）までの約7.2kmを、わずか1年で完成。同時に架けられた堀川七橋（ほりかわななばし）は、今も同じ場所に同じ名前で残っている。城の完成以後も堀川は物流の大動脈となり、川沿いに問屋や蔵が立ち並び、商都名古屋の礎となった。やがて両岸に桜や桃の木が植えられ、人々が花見や舟遊びも楽しんだという。昭和には一時深刻な水質汚染に陥り、改善が続いた。近年は納屋橋界隈が整備されカフェやレストランが建ち、屋形船や不定期のクルーズ船なども行き交っている。橋のすぐそばに建つ旧加藤商会ビル（P.94）の地下1階は、堀川の情報を集めたギャラリーになっている。

↑川沿いには城から日置橋付近まで桜の木が植えられ、春にはお花見の屋形船が行き交った『堀川観桜船図』〈一般財団法人名古屋城振興協会所蔵〉

↑桜のシーズンには貸切の屋形船で江戸情緒たっぷりのお花見クルーズも楽しめる

P.22/P.60
名古屋城

五条橋
P.41
円頓寺商店街
伝馬橋
中橋
★旧加藤商会ビル
P.94
名古屋駅
納屋橋
日置橋
P.95
松重閘門
古渡橋
尾頭橋
尾頭橋駅
金山駅
中川運河
名鉄名古屋本線
東海道本線
熱田駅
P.29/P.76 熱田神宮
P.77
七里の渡し跡
東海道新幹線
名古屋港

N
0　　　　1km

河川に架かる堀川七橋

五条橋 ごじょうばし
円頓寺商店街東側の入口に位置。清須の五条川の橋を移築したのが起源。

中橋 なかばし
大正時代に架け替えられたまま残る、日本で4番目に古い道路用鋼桁橋。

伝馬橋 てんまばし
東海道と中山道を結ぶ美濃街道が通り、江戸期は旅人たちで賑わった。

納屋橋 なやばし ➡P.95
アーチ型が美しく、広小路が通る周辺は注目のエリア。福島家の家紋も。

日置橋 ひおきばし
江戸時代の桜の名所。たもとに『堀川花盛』の風景画のある記念碑が残る。

古渡橋 ふるわたりばし
近くを鎌倉街道（小栗街道）が通り、かつては人々の往来が激しかった。

尾頭橋 おとうばし
堀川七橋で最も南の下流に位置し、何度も流されては架け替えられた。

堀川、納屋橋沿いに建つ
サイアムガーデン。夜は
ライトアップが望める

堀川を望みながら美味を堪能

納屋橋周辺 異国の味
<small>なやばし</small>

料理だけでなくお店のロケーションも、
旅先での食事の醍醐味。
リバービューを満喫しつつ、
この街の歩みにも思いを馳せてみたい。

サイアムガーデン

MAP 付録P.9 F-4

**歴史のある重厚なビルで
本場さながらのタイ料理を**

かつてはタイ領事館があった登
録有形文化財の中にあるタイ料
理店。バンコクの高級ホテル、
シェラトン・グランデ・スクンビ
ットで腕を磨いた女性料理長の
本格派タイ料理が楽しめる。

☎052-222-8600
所中区錦1-15-17 営11:30〜14:30
(LO14:00) 17:00〜21:00(LO20:30)
休第1・3日曜
交地下鉄・伏見駅から徒歩5分 Pなし

予約	望ましい
予算	Ⓛ1000円〜 Ⓓ4000円〜

おすすめメニュー

ジャスミンコース（ランチのみ）	3200円
アユタヤコース（ディナーのみ）	5800円

⬆昭和10年(1935)頃にシャム国
(現タイ王国)領事館が置かれた

⬆納屋橋を見下ろせ
る2階の窓辺の席が
おすすめ

⬆ココナッツの濃厚なコクが堪能できる鶏肉のグリーンカレー1550円(手前)。
定番のトム・ヤム・クン1800円(奥)は辛さが選べる

53

ハニートースト 650円(バニラアイス付きは＋150円)
特製ミニブレッドは、ハチミツを練り込んであるので、耳までおいしく食べられる

スイーツが自慢、大人のカフェ
甘い香りに包まれて

名古屋の中心街にたたずむカフェは、お店によってコンセプトもさまざま。手作りスイーツとともに、おしゃれな空間で散策のひと休み。

注文が入ってから焼き上げるオリジナルホットアップルパイ

ネルドリップで淹れるこだわりのコーヒー

ヴァンサンヌドゥ

MAP 付録P.11 D-3

焼きたてのホットアップルパイと、ハチミツがたっぷりのハニートーストが人気のカフェ。街の中心地にありながら、穏やかな非日常の空間に虜になる人も多い。

☎052-963-8555
所中区錦3-6-29 サウスハウスB1 営11:00〜23:00(ランチ11:30〜14:00LO)、日曜は〜22:30 休無休 交地下鉄・栄駅/久屋大通駅から徒歩2分 Pあり(有料)

ぬくもりある空間で、贅沢なひとときが過ごせる。個室も完備

厳選した卵、オイルを使った
ふわふわパンケーキを堪能

ELK 名古屋店
エルク なごやてん

MAP 付録P.12 C-1

大阪、名古屋、京都などに展開し
ているパンケーキの人気店。ブラ
ンド卵と厳選された材料を使用し
たふわふわのパンケーキは、生地
のおいしさを存分に堪能できる。

☎052-261-8227
所中区栄3-20-14住吉ビル1F
営11:00(土・日曜、祝日10:00)～19:00
(LO18:00)　休無休
交地下鉄・矢場町駅から徒歩5分　Pなし

↑木製家具をベースにしたぬくもりあふ
れる店内。オープン前に行列も

クリームチーズブリュレと
MIXベリーソース
1540円(3ピース)
濃厚なとろけたチーズをのせた
パンケーキを甘酸っぱいベリー
のソースとバニラアイスで

甘い香りに包まれて

↑エビとアボカドのオニオンクリーム
ソース1580円

←矢場公園やLoftから徒歩3分に位置する

55

賑わいに満ちた名古屋随一の商店街

大須
おおす

大須観音の門前町として大いに
栄えた大須界隈。衰退の時期を経て、
今再び日本一の商店街に。

歩く・観る●大須

時代も文化も国籍も混ざり合った
あやしげな魅力を放つ街

　清洲越の際に、援軍の駐屯地にあてるため街道の南と東の入口に神社仏閣を配置したのが街の起源。泰平の世が続き、参拝客であふれる寺町には商店や娯楽施設が軒を連ねるように。遊び好きの7代尾張藩主・徳川宗春の改革で、南寺町こと大須は一大歓楽街になった。今も独特の世界観を求めて人とモノが集まり、「大須大道町人祭」や「骨董露天市」など祭りや催しも目白押し。

観光のポイント

新旧の魅力に満ちた通りを歩く
老舗の名店や昔ながらの飲食店、
電気街が軒を連ねる

名物グルメを食べ歩き
大須で長年愛されてきたみたらし
団子や天津甘栗などを味わう

交通information

名古屋駅から地下鉄東山線で伏見駅まで3分、地下鉄鶴舞線に乗り換えて大須観音駅まで2分、上前津駅まで4分／名古屋駅から地下鉄東山線で栄駅まで5分、地下鉄名城線に乗り換えて上前津駅まで4分

大須観音
おおすかんのん
MAP 付録P.12 B-3

浅草観音、津観音と並ぶ
日本三大観音のひとつ

慶長17年(1612)に今の羽島市大須からこの地に移転。毎年2月の節分会、毎月18・28日の縁日に開催される骨董市は大須の名物。
☎052-231-6525 所中区大須2-21-47
開休料境内自由(参拝は6:00〜19:00)
交地下鉄・大須観音駅からすぐ
Pなし

↑生まれ年のご本尊を奉る普門殿

幼少の江戸川乱歩が見た大須
えどがわらんぽ

三重県で生まれた江戸川乱歩は、父親の仕事の関係で名古屋市内で暮らし、大須近隣の小学校にも通っていた。エッセイ『旅順海戦館』には、当時この界隈にあったと思われる見世物小屋に衝撃を受けたことが書かれている。

写真提供：立教
大学江戸川乱歩
記念大衆文化研
究センター

大須演芸場
おおすえんげいじょう
MAP 付録P.12 B-3

大須の娯楽文化の
伝統を受け継ぐ場所

ビートたけしや上沼恵美子も出演した演芸の発信地。毎月1〜7日には、東西、地元芸人による寄席が開催される。

☎0577-62-9203
所中区大須2-19-39
開毎月1〜7日の連続定席寄席 第1部11:00〜／第2部14:30〜 ※入場は各30分前から 休無休
料前売り券2700円、当日券3000円 交地下鉄・大須観音駅から徒歩3分 Pなし

↑2015年に大改修を行った

↑大須のシンボル的存在で多くの参拝者が訪れる

万松寺

ばんしょうじ

MAP 付録P.12 C-3

**歴史的逸話が残る
織田信長ゆかりの名刹**

信長の父、信秀が建立した
織田家の菩提寺で、天文9年
(1540)に創建。信長が父
の葬儀で位牌に抹香を投げ
つけた逸話も。白龍モニュ
メントやからくり人形「信長」
が名物となっている。

☎052-262-0735
🏠中区大須3-29-12
🕐休🅿境内自由 🚇地下鉄・上前
津駅から徒歩3分 🅿万松寺駐車場
利用

↑2017年に再建された白龍館

↑白龍館入口の天井は提灯で飾られている

↑抹香事件と桶狭間の出陣の舞を演ずるからくり人形は1日5回上演

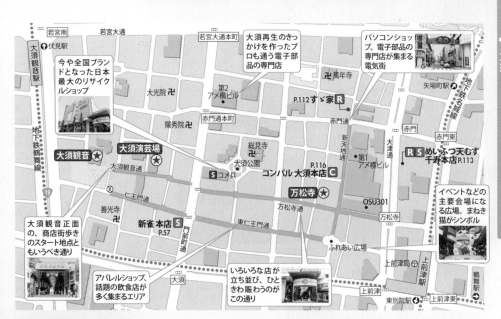

今や全国ブラ
ンドとなった日本
最大のリサイク
ルショップ

大須再生のきっ
かけを作ったプ
ロも通う電子部
品の専門店

パソコンショッ
プ、電子部品の
専門店が集まる
電気街

大須観音 ★

大須演芸場 ★

大須観音 正面
の、商店街歩き
のスタート地点と
もいうべき通り

イベントなどの
主要会場にな
る広場。まねき
猫がシンボル

アパレルショップ、
話題の飲食店が
多く集まるエリア

いろいろな店が
立ち並び、ひと
きわ賑わうのが
この通り

P.112 すゞ家 R

コンパル大須本店 C P.116

万松寺 ★

R S めいぶつ天むす
千寿本店 P.113

新雀 本店 S
P.57

食べ歩きグルメ＆甘味処

新雀 本店

しんすずめ ほんてん

仁王門通と門前町通の辻にあ
る手焼きの団子屋。醤油風味
のみたらし団子ときなこ団子が
人気で行列ができるほど。

↑みたらし団子、きなこ
団子ともに1本100円

MAP 付録P.12 B-3

☎052-221-7010
🏠中区大須2-30-12 🕐12:00～
19:00 🕐不定休 🚇地下鉄・大
須観音駅から徒歩5分 🅿なし

↑店頭のコンロの前に
はたくさんの人が並ぶ

名建築に彩られた歴史遺産の宝庫

名古屋城・白壁

なごやじょう・しらかべ

栄華を極めた徳川家至宝の数々、近代日本の
生きた文化財。タイムスリップしたかのような
歴史ロマン薫る街を巡りたい。

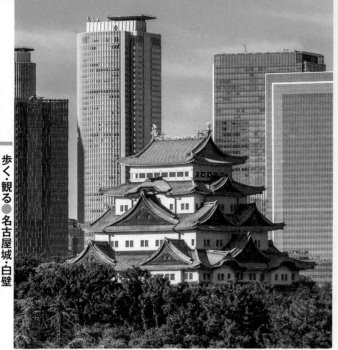

歩く・観る●名古屋城・白壁

名古屋の歴史と文化が凝縮
城下町の栄華を求め、時を遡る

　名古屋城から白壁、徳川園までの一帯は
「文化のみち」と呼ばれ、尾張徳川家の居城
として威容を誇った名古屋城をはじめ、日
本の近代化を担った貿易商や財界人の邸宅、
ネオ・バロック様式の名古屋市市政資料館
など、貴重な建造物が数多く残る。趣深い
建築群や尾張徳川家の遺品を所蔵する
徳川美術館などを訪ね、江戸〜明治〜大正
と、街が重ねた歴史にふれてみたい。観光
バス「メーグル」(P.156)がこの一帯を運行
しており、散策に便利。

観光のポイント

街のシンボル、名古屋城を見学
**築城400年を超え尾張徳川家の栄
華を今に伝える圧巻のスケールを
感じる**

レトロ建築が並ぶ白壁の街並みを巡る
**趣深い建物を巡り、貿易商らの
瀟洒な邸宅跡を活用したカフェや
ギャラリーにも立ち寄る**

交通 information

名古屋駅から地下鉄桜通線で久屋大通駅まで
5分、地下鉄名城線に乗り換えて、市役所駅ま
で2分/名古屋駅からJR中央本線で大曽根駅
まで12分

勇壮な姿の名古屋のシンボル
名古屋城
なごやじょう

金のシャチホコが天守に輝く巨大
城郭。家康による商人の街・名古
屋の歴史はここからスタートした。

名古屋東照宮
なごやとうしょうぐう

元和5年(1619)に尾張藩祖・徳川義直が
家康を祭神として、名古屋城内に創建。
明治9年(1876)に現在地へ移転。

MAP 付録P.10B-1

☎052-231-4010　所中区丸の内2-3-37
開休料境内自由　Pなし

地図内の表記

- ↑庄内通駅
- 浄心駅
- 名古屋高速6号清須線
- 浅間町駅
- 22
- 明道町JCT
- 鶴舞線 地下鉄
- 丸の内駅
- 名古屋城前
- 名城公園 P.24/P.65
- P.22/P.60
- 名古屋城★
- 愛知県護國神社★
- 名古屋東照宮★
- 那古神社

近代建築の姿が残る文化エリア
白壁
しらかべ

中級武士の屋敷が置かれ、明治以降は中部財界人の邸宅地に。空襲を免れた歴史的街並み保存地区。

徳川園
とくがわえん

江戸時代の主流であったという池泉回遊式の日本庭園。変化に富んだ景観が特徴的。

廃藩ののち、白壁界隈で栄えた陶磁器産業

明治維新後に藩が解体し、武士が手放した土地は陶磁器産業の舞台に変わる。瀬戸や東濃地域の陶磁器を輸出する際、名古屋での絵付けが効率的と考えられたためだ。昭和7年（1932）築のレトロビルが目を引く陶磁器会館では、当時の珍しい絵柄の陶磁器を展示。

名古屋陶磁器会館
なごやとうじきかいかん

MAP 付録P.6 C-3

☎052-935-7841 所東区徳川1-10-3 開10：00〜17：00（入館は〜16：30） 休土・日曜、祝日 料無料 交名鉄・森下駅から徒歩15分 Pあり

名古屋市役所本庁舎
なごやしやくしょほんちょうしゃ

時計塔の頂上には四方ににらみのシャチホコ。愛知県庁本庁舎と並ぶ帝冠様式の代表格。

名古屋市市政資料館

文化のみち百花百草

名古屋陶磁器会館

文化のみち 二葉館 P.70

名古屋市役所本庁舎

名古屋城駅

愛知県庁本庁舎

文化のみち 橦木館 P.69

東片端JCT

東片端

建中寺 P.85

徳川美術館
とくがわびじゅつかん

国宝9件を含む、尾張徳川家歴代藩主の愛用品、家康の遺品など1万件余りを収蔵。

愛知縣護國神社
あいちけんごこくじんじゃ

戊辰の役殉難藩士の神霊や、愛知県ゆかりの戦没者の英霊が祀られている。平和の守神と幸を願う社として知られる。

MAP 付録P.4 B-4

☎052-201-8078 所中区三の丸1-7-3 開休料境内自由 Pあり

愛知県庁本庁舎
あいちけんちょうほんちょうしゃ

名古屋城さながらの瓦屋根がのった姿は、重厚感漂う官庁街のなかでも目を引く存在。

名古屋市市政資料館
なごやししせいしりょうかん

ネオ・バロック様式の旧裁判所。大正ロマンを今に伝える中央階段室や復原会議室が特に有名。

尾張徳川家の栄華を
今に伝える街のシンボル

名古屋城
（なごやじょう）

かつて「尾張名古屋は城でもつ」と謳われ、
名古屋の繁栄と発展の礎となった歴史がある。
近世城郭屈指のスケールを間近に感じたい。

歩く・観る●名古屋城・白壁

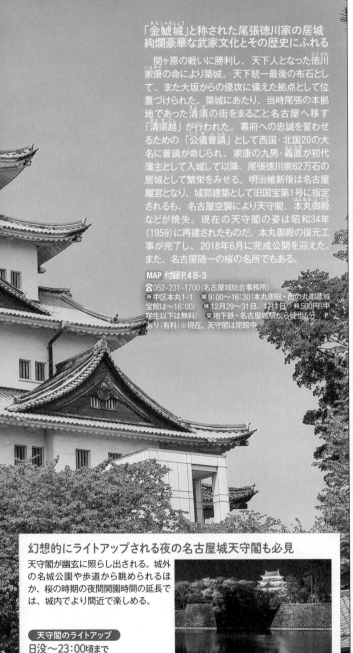

「金鯱城」と称された尾張徳川家の居城
絢爛豪華な武家文化とその歴史にふれる

　関ヶ原の戦いに勝利し、天下人となった徳川家康の命により築城。天下統一最後の布石として、また大坂からの侵攻に備えた拠点として位置づけられた。築城にあたり、当時尾張の本拠地であった清須の街をまるごと名古屋へ移す「清須越」が行われた。幕府への忠誠を誓わせるための「公儀普請」として西国・北国20の大名に普請が命じられ、家康の九男・義直が初代藩主として入城して以降、尾張徳川家62万石の居城として繁栄をみせる。明治維新後は名古屋離宮となり、城郭建築として旧国宝第1号に指定されるも、名古屋空襲により天守閣、本丸御殿などが焼失。現在の天守閣の姿は昭和34年（1959）に再建されたものだ。本丸御殿の復元工事が完了し、2018年6月に完成公開を迎えた。また、名古屋随一の桜の名所でもある。

MAP 付録P.4 B-3
☎052-231-1700(名古屋城総合事務所)
所 中区本丸1-1　⦿9:00～16:30(本丸御殿・西の丸蔵宝館は～16:00)　休 12月29～31日、1月1日　⦿500円(中学生以下は無料)　交 地下鉄・名古屋城駅から徒歩5分　P あり(有料)※現在、天守閣は閉館中

幻想的にライトアップされる夜の名古屋城天守閣も必見
天守閣が幽玄に照らし出される。城外の名城公園や歩道から眺められるほか、桜の時期の夜間開園時間の延長では、城内でより間近に楽しめる。

天守閣のライトアップ
日没～23:00頃まで
毎月8日は環境保全の日のため21:30まで。

見学information

季節のイベント

年間を通して行事が多い名古屋城。3月下旬～5月初旬の春のまつり、10月上旬～11月下旬の秋まつりは特に賑わいをみせる。桜や紅葉に彩られた城内では、茶会の特別公開や火縄銃実演などが繰り広げられる。

⦿約900本の桜が出迎えてくれる春のまつり。夜桜も美しい

⦿秋まつりでは菊花大会や火縄銃実演などが行われる

※最新の催事情報はHPなどで要確認

名古屋おもてなし武将隊®

2009年、名古屋開府400周年にあわせて結成された「武将の聖地、名古屋」の観光PR部隊。メンバーが日替わりで城内に登場し、観光案内などを行っている。

↑週末には殺陣や甲冑ダンスといった演武（パフォーマンス）で人気を博している

復元事業進行中の天守閣

空襲により焼失したが、戦後、鉄骨鉄筋コンクリートで再建された天守閣。現在、江戸時代の貴重な文献や、焼失前の正確な実測図、多くの古写真などをもとに木造復元事業が進められている。

↑名古屋城天守閣木造復元イメージCG
提供:名古屋城総合事務所
制作:(株)竹中工務店

所要
約2時間

広大な城郭を散策する

かつて濃尾平野を見渡す高台に誕生した24万㎡に
およぶ巨大城郭。門や櫓、重厚な石垣など、創建
時の名残が随所に点在している。

↑空襲により焼失したが、天守閣と同時期に再建された

⑤ 西北隅櫓

御深井丸
茶席
乃木倉庫　御深井丸
展示館

天守台　不明門
大天守閣
天守閣 ⑥
小天守閣

清正石

⑦ **本丸御殿**

本丸

西の丸御蔵城宝館
榧の木 ②
総合事務所
P.63 **正門横売店** Ｓ
正門 ①

西南隅櫓　東南隅櫓
梅林
内堀
西之丸
空堀

③ **表二之門**

名古屋城正前門
Ｐ バス専用
駐車場
名古屋能楽堂　正門前
有料駐車場
Ｐ 乗用車専用
駐車場

P.65
Ｒ 金シャチ横丁
（義直ゾーン）

三之丸

歩く・観る●名古屋城・白壁

1 正門
せいもん

城内観光はここから

江戸時代には榎多御門
があった場所だが、明治
24年(1891)の濃尾大地震
で大破したため、旧江戸
城の蓮池御門を移築した。

2 榧の木
かやのき

空襲の被災から見事に再生

樹齢600年以上とされる
天然記念物。初代藩主・
徳川義直が大坂の陣への
出陣の際にこの木の実を
食べたとも伝わる。

↑高さ16m、幹周り8m。正門
から入ってすぐの左手にある

3 表二之門
おもてにのもん

数少ない築城時の建造物

本丸への侵入を防ぐ防衛
門。門柱や扉は強固な総
鉄板張り。土塀には鉄砲
狭間をあけている。

4 名勝 二之丸庭園
めいしょう にのまるていえん

庭園路をゆったり散策

東門から入って右手に位置する
回遊式庭園。池や築山が配され
た優美な景観が四季ごとに変化
する。

休憩
ポイント

二の丸茶亭
庭園を眺めながら和菓子と抹茶の
セットで一服。☎052-231-1655
（名古屋城振興協会）⏰9:00～
16:30　🈺名古屋城に準ずる

↑歴代藩主が実際に居住した城内の庭園
としては日本一の広さを誇る

↑昭和25年(1950)重要文化財指定。古くは南二之門と呼ばれた

7 本丸御殿 ➡P.64
ほんまるごてん

2018年6月に復元が完成した御殿建築

「近世城郭御殿の最高傑作」と称された建物。空襲により焼失したが、多くの史資料をもとに、史実に忠実に復元。

⬆狩野派により描かれた襖絵も見どころ

6 天守閣
てんしゅかく

家康の威光を示す巨大な城

本丸の北西に並び立つ大天守閣と小天守閣からなる連結式層塔型と呼ばれる構造。豪壮な破風を持つ外観が特徴的。

⬆外2重の小天守閣（左）と、金のシャチホコをいただいた外観5重の大天守閣（右）

5 西北隅櫓
せいほくすみやぐら

現存する名古屋城で最も大きな櫓

3重3階の入母屋造で、敵の監視や防御の役割を持つほか、武器保管の場所でもあった。⬆清須城の天守閣を移築した説もある

おみやげはここで

正門横売店
せいもんよこばいてん

敷地内の売店3カ所のうちで最も品数が豊富。雑貨やお菓子、酒などを販売。

MAP 付録P.4A-3
☎052-231-1655（名古屋城振興協会）
⏰9:00〜16:45 ㊡名古屋城に準ずる

⬆さぬき和三宝（和三盆）650円。家紋やシャチホコなどをかたどった和菓子

金のシャチホコ

空想上の神獣であるシャチホコ。顔は虎がモチーフで、口から水を噴き出す能力から火除けのまじないとされた。現在は2代目で、昭和34年（1959）の天守閣再建時に造られた。

⬆北に雄、南に雌が鎮座。尾ひれが空を向くのが雄など、大きさや形で区別できる

石垣の刻紋

諸大名が自分の運んだ石をほかに区別するために刻んだとされる目印。形はくさび跡や丸、三角、扇子など多岐にわたり、現在までに発見されているものは約570種にものぼる。

⬆本丸跡などの石垣に多く残っており、築城の名残を垣間見ることができる

清正石

推定10tともいわれる巨石。石垣工事を請け負った加藤清正が運んできたとされるが、実際は黒田長政の丁場だったことから説話と考えられる。

⬆本丸跡から東二之門への途中にある。権力や備えを誇示する狙いがあったという

天守台

上部で外側に反り出す扇の勾配とよび、築城の名手・加藤清正が造り上げたと伝わる。

⬆讃岐・肥前から運ばれた石材も使われたという

広大な城郭を散策する

63

本丸御殿を巡る

ほんまるごてん

近世城郭御殿の最高傑作と謳われる本丸御殿。復元が完成し往時の姿がお披露目された。

徳川将軍が滞在した絢爛豪華な御殿

　本丸御殿は、尾張藩主の住居兼政務の場として慶長20年（1615）に建造された。5年後に藩主・徳川義直が住居を二之丸御殿へ移してからは、将軍が立ち寄った際の宿泊所に利用された。書院造りの大建築で、3代将軍家光の時代には、より絢爛豪華な上洛殿が増築された。名古屋空襲により焼失するが、2009年より復元工事がスタート。文献や実測図などをもとに、史実に忠実な復元作業が3期に分けて進められた。第1期には玄関と表書院、第2期に対面所や下御膳所、2018年6月には、第3期として完成公開を迎えた。

注目ポイント

細部にわたる豪華な装飾

約3000もの精緻な飾金具、黒漆塗の格天井、極彩色の欄間彫刻、金箔の障壁画や天板絵など、意匠を凝らした内装を随所で見られる。将軍の宿泊した上洛殿は特に圧巻。

↑対面所上段之間の二重折上小組格天井。格天井の中央部をさらに一段折り上げた凝った造り

狩野派による障壁画

襖絵や床の間絵などは高名な将軍家の御用絵師・狩野派の絵師たちの手によるもので、忠実に復元模写されている。部屋ごとに異なるテーマで描かれている。

↑玄関の一之間の障壁画『竹林豹虎図（一部）』

歩く・観る ● 名古屋城・白壁

下御膳所
しもごぜんしょ

表書院に届ける料理の配膳の準備をしたり、温め直しりした場所。部屋の中央には囲炉裏が切られている

↑料理を温めた長囲炉裏。真上の天井から煙が抜けるようになっている

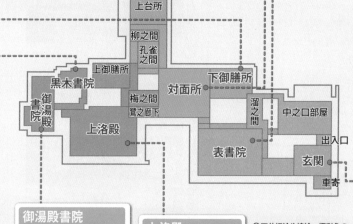

§ミュージアムショップ

上台所

柳之間

孔雀之間

上御膳所

黒木書院

御湯殿書院

梅之間

鷺之廊下

上洛殿

対面所

下御膳所

溜之間

中之口部屋

表書院

出入口

玄関

車寄

黒木書院
くろきしょいん

清須城にあった家康の宿舎を移築したと伝えられ、総檜造りの本丸御殿でここのみ松を使用している。

↑黒木書院の名は松の黒い木品に由来するとの伝承もある

御湯殿書院
おゆどのしょいん

将軍専用の風呂場。唐破風付の浴室はサウナ式の蒸し風呂だ。将軍が休息する湯上がり処が3部屋あった。

↑奥が浴室。外で湯を沸かし蒸気を引き込む蒸し風呂で、湯船はない

上洛殿
じょうらくでん

寛永11年（1634）の3代将軍家光の上洛に合わせて増築。本丸御殿で最も格式高く、最も豪華な将軍の部屋

◎天井板絵や襖絵、極彩色の欄間彫刻など豪華。上段之間、一〜三之間など6部屋ある

対面所
たいめんじょ
藩主と家族・家臣との私的な対面や宴席の場。上段之間と次之間の障壁画には風俗図が描かれている

⬆上段之間の障壁画には、愛宕山や上賀茂神社の行事、田植えなど、のどかな京都の風物を描いている

➡付書院には花形模様をした優美な透かし彫りの「花欄間」が見られる

表書院
おもてしょいん
藩主の公的な謁見の場。上段之間に藩主が座し、客は一之間～三之間に着座した

⬆表書院の襖絵は花鳥画が題材。三之間は異国の動物のジャコウネコ

⬆藩主の座る上段之間（奥）は一段高く、最も豪華な造り。対面して来客用の一之間（手前）があり、その横に二～三之間が続く

玄関
げんかん
来客が最初に通された待合所があった。一之間に『竹林豹虎図』の障壁画があったため、虎之間とも呼ばれた

⬅一之間の障壁画『竹林豹虎図』。豪華な金箔と猛獣は、藩主の威厳を示していたといわれている

おみやげはここで

ミュージアムショップ
本丸御殿の障壁画をモチーフにしたオリジナルの文具や雑貨、工芸品、名古屋みやげなどが手に入る。
☎052-204-2501
営休名古屋城に準ずる

⬆⬆ペーパーウェイトやふすま絵ふきんなど（商品はイメージ）

名古屋城周辺の注目スポット

天守閣や本丸御殿見学の前後に、城内でランチやおみやげ探し。

名城公園
めいじょうこうえん
MAP 付録P.4 B-1

花の名所として名高い公園
名古屋城の北側に広がる総合公園。芝生広場を中心に、オランダ風車や、名城公園フラワープラザなどがある。桜と藤の名所でもある。
☎052-913-0087（名城公園フラワープラザ）
所北区名城1-2-25 時園内自由、フラワープラザ9:00～16:30 休無休。フラワープラザは月曜（祝日の場合は翌平日）、第3水曜（祝日の場合は第4水曜）料無料 交地下鉄・名城公園駅から徒歩3分 Pなし

⬆御深井（おふけ）池には噴水があがりショウブやツツジが咲きほこる

金シャチ横丁
きんシャチよこちょう
MAP 付録P.4 B-3（義直ゾーン）
MAP 付録P.4 C-3（宗春ゾーン）

名古屋名物の味が集まったグルメ横丁
名古屋城下に2カ所ある歴史観光飲食施設。伝統のなごやめしやおみやげ、新しい名古屋の味が楽しめるテイクアウトも充実。
☎052-973-9011（日本プロパティマネジメント）所義直ゾーン中区三の丸1-2-3～5、宗春ゾーン中区二の丸1・2・3 時義直ゾーン10:30～17:30（店舗・時期により異なる）、宗春ゾーン11:00～22:00（店舗により異なる）休名古屋城に準ずる 料入場無料 交義直ゾーン地下鉄・名古屋城駅から徒歩10分、宗春ゾーン地下鉄・名古屋城駅からすぐ Pなし

⬆正門近くの義直ゾーンでは、味噌カツやひつまぶしなどの王道グルメを満喫

本丸御殿を巡る

近世武家文化を体感できる優美な庭園

徳川園
とくがわえん

海に見立てた池や岩の配置を変えた滝など、遊び心を感じる仕掛けが随所に光る。新緑や紅葉など四季折々の美しさも必見。

江戸の粋が結集した日本庭園 自然豊かな尾張国を表現

尾張徳川家の2代藩主・徳川光友の隠居所として造営。明治22年(1889)、侯爵となった尾張徳川家の邸宅となり、昭和に入り名古屋市に寄贈され、徳川園が開園された。紅葉の名所であり、虎仙橋周辺は特に美しい。

MAP 付録P.7 F-2
☎052-935-8988　所東区徳川町1001
開9:30～17:30(入園は～17:00)
休月曜(祝日の場合は翌平日)　料300円
交各線・大曽根駅から徒歩15分　Pあり(有料)

龍仙湖
りゅうせんこ

地下水を水源にした池泉回遊式庭園のハイライト。池を海に見立て、浮島や石橋が点在

大曽根の瀧
おおぞねのたき

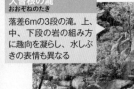

落差6mの3段の滝。上、中、下段の岩の組み方に趣向を凝らし、水しぶきの表情も異なる

虎仙橋
こせんきょう

大曽根の瀧から下流の龍仙湖へ続く「虎の尾」と呼ばれる川に架かる檜造りの木橋

黒門
くろもん

明治時代の尾張徳川家邸宅の遺構。武家屋敷の面影が残り、名古屋空襲の被害を免れた

龍門の瀧
りゅうもんのたき

鯉が滝を登りきって竜となったという登竜門伝説を表現したもの。別名「龍門瀑」

風雅な庭園を食とともに堪能

龍仙湖を望むフレンチ

ガーデンレストラン徳川園
ガーデンレストランとくがわえん

厳選した地元食材を用い、フレンチの伝統と和が融合したメニューが特徴。ワインは常時300種類、名古屋有数の品揃えを誇る。

↑落ち着いた優雅な空間でフレンチが楽しめる

↑季節の素材を味わえるコース

MAP 付録P.7 E-2
☎052-932-7887
営11:00～15:00(LO13:30) 17:30～22:00(LO20:00)
休月曜(祝日の場合営業)

煌びやかな当時の暮らしに思いを馳せる

徳川家ゆかりの美術品を鑑賞

大名家の表道具である武具・刀剣や合戦道具。茶の湯道具や奥道具といわれる生活用品の数々。
近世大名の美意識に思いをめぐらし、当時の格式ある暮らしぶりを垣間見ることができる。

国宝『初音蒔絵調度』

3代将軍徳川家光の娘・千代姫が、尾張家2代藩主・光友との婚礼時に持参した豪華絢爛な調度品。近世蒔絵の最高峰とされ、日本一の嫁入り道具と称される
〈徳川美術館所蔵〉◎徳川美術館イメージアーカイブ／DNPartcom

保存状態の良さに注目

質・量ともに国内屈指

維新・大戦を通じて各大名家の道具が、ほとんど散逸してしまった今日、徳川美術館の大名道具コレクションは唯一まとまった存在。それぞれの作品の質も高い点が特徴だ。

徳川美術館
とくがわびじゅつかん

日本一の大名コレクション
御三家筆頭の至宝を展示

昭和10年（1935）に開館した尾張徳川家に伝わる大名道具を展示・公開する美術館。家康愛用の品を中心に、歴代藩主の遺愛品などを収蔵。国宝9件、重要文化財59件を含む収蔵品は1万件余りにもおよぶ。

MAP 付録P.7F-2
☎052-935-6262 　所東区徳川町1017　開10:00～17:00（入館は～16:30）休月曜（祝日の場合は翌平日）料1600円（徳川園との共通観覧料1770円）交各線・大曽根駅から徒歩10分 Pあり

↑第1展示室は、武家の象徴であり、大名道具のなかでとりわけ高い格式が与えられた武具や刀剣が並ぶ

↑名古屋城二之丸御殿の「広間」と「鎖の間」の一部を復元した第3展示室。大名家の室内装飾を再現

↑昭和10年（1935）完成の近代的設備を誇る建物は登録有形文化財指定

↑平安時代に描かれた国宝『源氏物語絵巻』を複製・映像で紹介する第6展示室。年に1度原本も展示される

名古屋市蓬左文庫
なごやしほうさぶんこ

駿河御譲本に端を発する
国内最大規模の大名文庫

家康の没後、徳川御三家に分配された書物（駿河御譲本）を収蔵するために、尾張徳川家初代・義直が城内に御文庫を設けたのが始まり。歴代藩主の収集物も加わり、蔵書数は約12万点にのぼる。

MAP 付録P.7E-2
☎052-935-2173　所東区徳川町1001　開展示室10:00～17:00（入館は～16:30）休月曜（祝日の場合は翌平日）料展示室1600円（徳川美術館との共通観覧）交各線・大曽根駅から徒歩10分 Pなし

↑展示室入口の床には、名古屋城下の陶磁絵図が設置されている

←「蓬左」とは江戸時代に使用された名古屋の別称

徳川園／徳川家ゆかりの美術品を鑑賞

67

白壁散策
しらかべ

財界人が優雅に暮らした街で近代建築の遺産をたどる

かつて武家屋敷が立ち並んだ地区は、大正時代を中心に近代建築の宝庫へ変わる。交錯する歴史が今も見え隠れする街を歩く。

江戸の空気と大正ロマン
過去が同居する瀟洒な街

江戸時代、尾張藩の中級武士の屋敷があった白壁地区は、明治維新以後、比較的安価であった土地を利用して陶磁器産業が栄え、のちに豊田一族など財界人らが移り住み、洋風の邸宅が建てられた。戦火を免れた近代建築や武家屋敷跡が今も保存され、現在は「文化のみち」と呼ばれ親しまれている。点在する大きな邸宅を改築したレストランや料亭にも足を運んでみたい。

⬆旧豊田佐助邸の洋館。邸内に施されたおしゃれな装飾にも注目したい

1 名古屋市市政資料館
なごやししせいりょうかん
MAP 付録P.5 E-4

大正時代の趣が残る建物

赤レンガのこの建物は、大正11年(1922)に当時の名古屋控訴院・地方裁判所・区裁判所庁舎として建設された。現存する国内最古の控訴院建築であり国の重要文化財に指定されている。
☎052-953-0051 働東区白壁1-3 働9:00～17:00 休月曜(祝日の場合は翌日)、第3木曜(祝日の場合は第4木曜) 料無料 ⊗地下鉄・名古屋城駅から徒歩8分 ℗あり

⬆見どころのひとつである中央階段室。ステンドグラスは必見

⬆3階に復原された陪審法廷。同じ3階の復原会議室も見学できる

2 カトリック主税町教会
カトリックちからまちきょうかい
MAP 付録P.5 F-4

名古屋最古の教会堂

白壁エリアで唯一現存する明治建築。約100年前のフランス製の鐘、富士山の溶岩で造られたルルドのマリア像などを見ることができる。

⬆正面玄関の三連アーチが美しい

☎052-935-2223(教区本部事務局) 働東区主税町3-33 働9:30～17:00 休火・木・日曜 料無料 ⊗地下鉄・名古屋城駅から徒歩15分 ℗あり

③ 文化のみち 橦木館

ぶんかのみち しゅもくかん

MAP 付録P.6A-3

喧騒を忘れるレトロな邸宅

輸出陶磁器商として活躍した井元為三郎（1873～1945）が、大正末期から昭和初期に建てた邸宅。大きく区割りされた敷地には、和館、洋館、東西2棟の蔵、茶室、庭園が残され、往時の姿を今に伝えている。

☎052-939-2850 ㊤東区橦木町2-18 ㊉10:00～17:00 ㊡月曜（祝日の場合は翌日）㊎200円 ㊐地下鉄・高岳駅から徒歩10分 ㋿なし

↑名古屋市の有形文化財、景観重要建造物に指定。玄関をくぐれば赤絨毯が敷かれた階段ホールへ

↑洋館に隣接する広い和館。和室では企画展などが行われる

↑洋館2階の旧娯楽室にある美しいステンドグラス

↑和館、洋館、茶室をつなぐように広がる緑豊かな庭園

P.70に続く ➡

移動時間◆ 約50分

散策ルート

名古屋城駅
なごやじょうえき

⬇ 徒歩8分

1 名古屋市市政資料館
なごやししせいしりょうかん

⬇ 徒歩6分

2 カトリック主税町教会
カトリックちからまちきょうかい

⬇ 徒歩5分

3 文化のみち 橦木館
ぶんかのみち しゅもくかん

⬇ 徒歩4分

4 文化のみち 二葉館
ぶんかのみち ふたばかん

⬇ 徒歩4分

5 旧豊田佐助邸
きゅうとよださすけてい

⬇ 徒歩20分

名古屋城駅
なごやじょうえき

白壁散策

美しい庭園が見どころ。喫茶やピアノの生演奏も楽しめる

昭和3年(1928)創業の料亭。約1000坪の敷地を有する

名古屋城大天守風の屋根が特徴。重要文化財に指定されている

尾張藩を描いた『冬の派閥』

名古屋生まれの作家・城山三郎が描いた歴史長編。文明開化前夜の尾張藩を舞台に組織として、人としてのありようを現代社会に投げかけた大作。藩士が暮らした界隈で小説の世界の面影を感じてみたい。

↑「二葉御殿」と呼ばれる文化人らのサロンでもあった

→ **5** ## 旧豊田佐助邸
きゅうとよださすけてい

MAP 付録P.6A-3

見どころ多い大正の建築物

発明王・豊田佐吉の弟、佐助の住んだ邸宅。独特の和洋折衷建築や、鶴亀に「とよだ」の文字がデザインされた換気口など内部も見どころが多い。

☎052-678-2220
（公益財団法人名古屋まちづくり公社）
働東区主税町3-8 閲10:00～15:30 俄月曜（祝日の場合は翌日）料無料 交地下鉄・高岳駅から徒歩15分 Pなし

4 ## 文化のみち 二葉館
ぶんかのみち ふたばかん

MAP 付録P.6B-3

大正ロマンの漂う邸宅

大正時代、日本の女優第一号となった川上貞奴と電力王・福沢桃介が暮らした邸宅を移築復元。らせん階段や美しいステンドグラスに往時の優雅な暮らしがうかがえる。「文化のみち」の拠点施設にもなっている。

↑貞奴の資料や城山三郎の仕事場も展示

↑大広間の美しいステンドグラスは見事

☎052-936-3836 働東区橦木町3-23
閲10:00～17:00 俄月曜（祝日の場合は翌平日）料200円 交地下鉄・高岳駅から徒歩10分 Pあり（30分までは無料）

↑白いタイル張りの洋館と木造の和館が不思議に調和する

文化財建築の喫茶室で休憩

文化のみち 橦木館内

SHUMOKU CAFE
シュモク カフェ

橦木館の旧応接室を利用した贅沢な空間で、スリランカで高い評価を得るムレスナ茶の紅茶を、ジェラートや洋菓子、和菓子とともに楽しめるカフェ。

MAP 付録P.6A-3
☎080-2137-8449
閲10:30～17:00（LO16:30）
俄月曜（祝日の場合は翌平日）
※カフェのみ利用の場合は入館料不要

↑庭園に臨む窓の美しいステンドグラスが眺められる。店内には多くの現代アートも飾られ、雑貨や書籍の販売も充実。不定期にイベントも開催される

←パンケーキとドリンクのセット1000円～。ホットティーやジェラートがのった甘いドリンクなど8種類から選べる

↑一番人気のミックスサンド600円など4種類のサンドイッチがおすすめ

↑元法廷という雰囲気はなく、ギャラリーのようなカフェでゆったりできる

名古屋市市政資料館内

名古屋市市政資料館 喫茶室
なごやししせいしりょうかん きっさしつ

市政資料館内の2階奥、旧「第貳號法廷」が今では居心地の良い喫茶室に。名古屋名物の小倉トーストや和パフェ各450円が揃う。

MAP 付録P.5E-4
☎052-953-0051
閲9:00～16:30
俄月曜（祝日の場合は翌日）、第3木曜（祝日の場合は第4木曜）

↑「第貳號法廷」の看板が掲げられた入口はなんとも趣深い

名古屋のフレンチの巨匠
北村シェフによる極上料理

La Grande Table de KITAMURA
ラグラン ターブル ドゥ キタムラ

MAP 付録P.6A-3

スイスの3ツ星レストランの「ジ
ラルデ」でスーシェフを務めた北
村竜二シェフの店。オペラハウ
スのような豪華なレストランで
の食事は夢のような時間だ。

☎052-933-3900
🏠東区主税町4-84 🕙11:30〜15:00(LO13:
00) 17:30〜22:00(LO20:00) 🈳不定休
🚃地下鉄・高岳駅から徒歩12分 🅿あり

予約	可
予算	Ⓛ6000円〜
	Ⓓ1万2000円〜

おすすめメニュー
ランチコース 5800円
ディナーコース 1万2100円

⤴シェフの渡
欧時代の写真
が飾られる

⤴シェフが長年温めてきた「レストランは劇場」をかたちにした、天井の高さが7mもあるホー
ル型のメインダイニング。開放感がある非日常空間での食事は旅の思い出に

> ## 白壁の瀟洒な邸宅でランチ

美意識が宿る
優雅なレストラン

上品で美しいたたずまいが旅人を特別な時間へ誘う。
素敵な雰囲気のなか、極上のフレンチに舌鼓。

⤴デザートはワゴンで出された
もののなかから選べる

⤶牛フィレ肉のポワレ(手前)と
車エビ・甘エビ・メチゴをあし
らった玉蜀黍のサラダ仕立て
(奥)

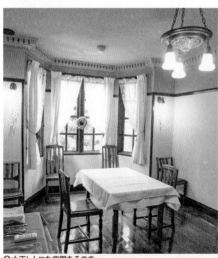

⤴大正レトロな空間をそのま
まに伝える。アンティークな
家具に囲まれながらクラシッ
クの調べのなか優雅なランチ
タイムを

⤴カウンターがあるバースタイルの部屋

⤴宮崎県産黒毛和牛のフィレのロティ フォ
アグラをのせたロッシーニ トリュフソース

レトロな邸宅でいただく
豪華なフレンチランチ

Dubonnet
デュボネ

MAP 付録P.6A-3

この店の建物は大正13年(1924)に
建てられた陶器貿易商の邸宅で、
名古屋市の景観重要建造物に指定
されている。歴史ある邸宅で食べ
る創作フレンチのランチは絶品。

☎052-936-1477
🏠東区主税町3-6-2 🕙11:30〜15:00
(LO13:30) 18:00〜22:00(LO20:00)
🈳水曜、木曜のランチ
🚃地下鉄・高岳駅から徒歩10分 🅿あり

⤴ラングスティーヌと洋梨のソテーのサラ
ダ仕立て ビーツとピンコットのソース

予約	望ましい
予算	Ⓛ3300円〜 Ⓓ5800円〜
	※税・サービス料10%別

おすすめメニュー
ランチBコース 5500円
ディナー シェフのおすすめコース
9450円 ※税・サービス料10%別

多様な文化が溶け合う門前町

覚王山
かくおうざん

日本で唯一、釈迦の御真骨を境内に安置する日泰寺や周囲のレトロな別荘、個性的な参道を巡りたい。

歩く・観る●覚王山

日泰寺周辺に開けた門前町
参道には個性豊かなショップが並ぶ

　人家もまばらだった地域が発展する契機となったのが日泰寺の創建。これをきっかけに都心部の寺も当地へ移転し、大正期には松坂屋(P.47)の創業者が1万坪以上の広大な森を別荘地に切り開いた。揚輝荘と名付けられた別荘は国際交流の場として活用される。歴史を反映するように、現在の日泰寺参道には国際色豊かなレストランやショップが並び、多くの人で賑わう。

月に一度の縁日に注目

毎月21日には、日泰寺参道が歩行者天国となり日用品や野菜、雑貨などさまざまな店が参道に並ぶ。ひとときわ賑わいを見せる縁日に合わせて訪ねるのも楽しい。

覚王山弘法の市
かくおうざんこうぼうのいち

MAP 付録P.14 B-2

☎052-508-8336(愛知県小商業協同組合)　働毎月21日8:30〜15:00

昔ながらの商店やエスニックなショップ、おしゃれな雑貨店などが並び、多彩な魅力を放つ参道

P.73 覚王山アパート

卍方等院

P.73 sono S

地下鉄東山線　P.131 シェ・シバタ S

栄駅　覚王山　梅花

覚王山西　覚王山駅

覚王山局 ⊕　fika P.131 S　覚王山フラ

観光のポイント

街を象徴する2大スポットへ
国内唯一の超宗派寺院として知られる日泰寺と、レトロな別荘、揚輝荘を訪ねてみたい

門前町でグルメ&ショッピング満喫
話題のスイーツ店、個性的な雑貨店など多彩な店を巡る

交通 information

名古屋駅から地下鉄東山線で覚王山駅まで14分

揚輝荘
ようきそう

MAP 付録P.14 C-2

丘陵地に造営された
(株)松坂屋初代社長の別邸

伊藤次郎左衛門祐民の別邸で現在は伴華楼がある北園と聴松閣がある南園に分かれる。最盛期は約1万坪におよぶ広大な敷地に30を超える建物があった。

☎052-759-4450　働千種区法王町2-5-17　働9:30〜16:30　働月曜(祝日の場合は翌平日)　働無料(聴松閣は300円)　働地下鉄・覚王山駅から徒歩10分　Pなし

↖祐民が世界各地を旅した際のイメージを凝縮した聴松閣

↖鶴舞公園の噴水塔を手がけた鈴木禎次が設計した伴華楼

↗四季折々の景色が楽しめる北庭園

左上からの説明：
- ガンダーラ様式の花崗岩の仏塔。2階部分に仏舎利を安置
- 日泰寺奉安塔 卍
- 卍日泰寺霊堂
- 日泰寺舎利殿 卍
- 姫ケ池通1
- ★日泰寺
- 約6500㎡の揚輝荘北園。事前申込制でガイド付きの案内も行っている
- 覚王山弘法の市 ★揚輝荘
- 千体地蔵堂
- 揚輝荘 南園
- 約2700㎡の揚輝荘南園。聴松閣はインド風、中国風の部屋などアジアの趣
- 市内有数の人気スイーツ店。パリで腕を磨いたパティシエの味を楽しみたい
- 広小路通
- 末森通2
- 本山駅
- 鬼まんじゅうの名店。大人気のため事前の予約が確実。梅花堂 052-751-8025

日泰寺
にったいじ

MAP 付録P.14 B-1

仏教の開祖・釈迦の真骨を祀る国内唯一の超宗派寺院

明治33年（1900）、タイ国王から友好記念に寄贈された釈迦の御真骨とタイの国宝・金銅釈迦如来像を奉安する全仏教徒のための寺院として、明治37年（1904）に建立された。19宗派の管長が3年交替で住職を務めている。

☎052-751-2121
所千種区法王町1-1
時5:00～16:30
休無休 料拝観無料
交地下鉄・覚王山駅から徒歩10分
Pあり

↑本堂には金銅釈迦如来像が祀られている

↑釈迦の御真骨を安置する高さ15mの奉安塔（内部非公開）

→1997年建立、高さ30mの五重塔

日泰寺の誘致と寺町づくりに尽力した村長

仏舎利を安置する建設地をめぐっては、名古屋対京都で誘致合戦が起こっていた。村長の加藤慶二は私財と土地を投げうち有志集めに奔走し10万坪の敷地を寄付、これが決め手となり名古屋への誘致が決まる。さらなる寺院の誘致に励み、多くの寺社が集まる寺町が築かれた。

城山八幡宮
しろやまはちまんぐう

MAP 付録P.14 C-2

織田信秀が築いた末森城址に立地。昭和11年（1936）に当地に移転。

大龍寺
だいりゅうじ

MAP 付録P.14 C-1

らかんさんの名で親しまれる黄檗宗の寺院。五百羅漢でも知られる。

ショッピング＆休憩スポット

覚王山アパート
かくおうざんアパート

築60年以上の2階建て木造アパートを改装した、ショップやギャラリー、カフェなどが集まるクリエイティブな空間。周辺の観光案内マップも配布する。

MAP 付録P.14 B-2

☎052-752-8700 所千種区山門町1-13 時11:00～18:00 休火・水曜（祝日、21日の場合は営業）交地下鉄・覚王山駅から徒歩4分 Pなし

↑アーティストやクリエイターが集まる

sono
ソノ

瀬戸にある「マルミツポテリ」の直営店。「日常を特別な日にする食器」を扱う。色も白からシックな色味まで揃っている。

MAP 付録P.14 B-2

☎052-757-5667 所千種区山門町2-39 時10:30～19:00 休火曜 交地下鉄・覚王山駅からすぐ Pなし

↑趣のある多彩な白い食器が並ぶ。見ているだけでも楽しい

→アンティーク調の小プレート

→食卓を華やかにするシンプルで上品なコンポート

覚王山

73

住宅街に個性派店が集う

本山
もとやま

閑静な住宅街の中に、隠れ家の
ようなカフェや雑貨店がひっそりと
たたずむ。人気上昇中の注目のエリア。

歩く・観る●本山

落ち着いた街並みを散策しながら
魅力的なショップを探訪

　静かな住宅街に紛れて、人気の雑貨店やおしゃれなカフェなど名店が点在する、住みたい街として女性たちに話題のエリア。名古屋大学や愛知学院大学などがあり、学生街の側面も持つ。山手グリーンロード沿いに建つ400年の歴史ある桃巌寺には安眠を授けてくれる「ねむり弁天」や「名古屋大仏」など見どころも多い。広大な東山動植物園まで足をのばしてみるのも楽しい。

観光のポイント

素敵な雑貨店やカフェめぐり
こだわりの雑貨店や書店、カフェを
巡って自分だけのお気に入りの店
を探してみたい

高さ10mの名古屋大仏を見学
桃巌寺の境内で本山の街を見渡す
ように鎮座する緑色の名古屋大仏
の姿は圧巻

交通information

名古屋駅から地下鉄東山線で本山駅まで16分

Robin's Patch P.75 S

神戸から豆を仕入れるコーヒー専門店。月ごとに新作ケーキも楽しめる

西原珈琲店
本山本店 C

桃巌寺
とうがんじ

MAP 付録P.15 D-4

緑の大仏と弁天様が
鎮座する異色の寺

織田信長の父・信秀の菩提寺。美と技芸を守る弁天様を祀り、ねむり弁天、歓喜仏、巨大な木魚があるなど個性派の寺で知られる。

☎052-781-1427　所千種区四谷通2-16
時境内自由、ねむり弁天9:00〜17:00
休無休　料拝観1000円
交地下鉄・本山駅から徒歩5分　Pあり

●桃巌寺のシンボル、名古屋大仏。高さ10m、全身の緑色と金色の目元がかなり印象的

オーナーのこだわりが光る雑貨店

住宅街にひっそりとたたずむオシャレで個性的なお店に立ち寄って
オーナーの審美眼で選ばれた品々から、お気に入りを探してみたい。

S
sahan

ユニークな名前の
通り沿いに隠れ家
的なカフェや雑貨
店が立ち並ぶ

猫洞通

C SAKURA・CAFE

5000冊もの本が並ぶライ
ブラリーと体にやさしいス
イーツを楽しめる

本山東
地下鉄東山線
広小路通

東山公園駅

東山動植物園 ★
P.24/P.84

カトリック
東山教会 †

⬆店内には食器、アクセサリー、ぬいぐるみなど多彩な商品が並ぶ

Robin's Patch
ロビンス パッチ
MAP 付録P.14 C-3

ドイツや東欧の品々

オーナー夫妻が直接買い付ける
ドイツ・東欧のヴィンテージ雑貨
を扱う店。主にドイツやチェコの
ものが充実している。

☎052-734-3185
所千種区稲舟通
1-15-3
営12:00〜18:00
休水・木曜(臨時
休業あり) 交地
下鉄・本山駅から
徒歩5分 Pなし

⬆旧東ドイツ製の
重厚なアンティーク
ビアマグ4400円

⬆レアでおしゃれなドイツ製の
レトロなポスト1万7600円

⬆旧チェコスロバキア製の古切手
1パック50枚入り660円

⬆緑豊かな境内。紅葉の季節は特に美しい

⬆1月と5月に
御開帳される
「ねむり弁天」。
拝むとよく眠
れるといわれ
ている

⬆直径1mの
日本最大級の
木魚。片手で
触れるだけで
過去の罪が消
滅するという

足をのばして東山公園へ

60万㎡の広大な園内に動物園と
植物園、遊園地が揃った総合公
園。イケメンで有名なニシゴリラ
シャバーニや、ここにしかいない
希少な動物、色とりどりの植物に
出会える。園内にフードコートや
カフェ&ショップも。

東山動植物園 ➡ P.84

街に古代のロマンがあふれる

熱田
あつた

名古屋市民に愛される熱田の杜に抱かれた歴史情緒あふれるエリア。緑豊かな街を巡りたい。

1900年の歴史を有する
豊かなお社の門前町に残る歴史遺産

　伊勢神宮に次ぐ尊い神社として、篤い信仰を集める熱田神宮の門前町。その歴史は古代にまで遡り、今も日本武尊伝説の残る古墳群が残されている。江戸時代には東海道41番目の宿場町・宮宿が置かれ、桑名へ渡る交通の要衝としてほかにない賑わいをみせていた。「熱田さん」として親しまれる熱田神宮の参拝とともに、歴史風情を存分に楽しめる。

観光のポイント

熱田神宮へ参拝
緑に包まれた荘厳で由緒ある熱田神宮をゆっくり散策

古代の遺跡を訪ねる
白鳥古墳や断夫山古墳を訪ねて古代史に思いを馳せてみたい

交通information

名古屋駅からJR東海道本線・普通で熱田駅まで7分／名鉄名古屋駅から名鉄名古屋本線で神宮前駅まで6分／名古屋駅から地下鉄東山線で栄駅まで5分、地下鉄名城線に乗り換えて熱田神宮西駅まで12分

熱田神宮 ➡P.78
あつたじんぐう
MAP 付録P.17 F-2

織田信長にも信仰された
伊勢に次ぐ由緒ある神社
おだのぶなが

古くから篤い信仰を集めてきた神社。樹齢1000年以上の大楠や信長塀、6000点もの宝物など見応え十分。

☎052-671-4151
所熱田区神宮1-1-1 開休料境内自由
交名鉄・神宮前駅から徒歩3分／地下鉄・熱田神宮西駅から徒歩7分 Pあり

↑静寂の森に鎮座する神明造の本殿

↑境内の中心の西寄りにある憩いの場・くさなぎ広場

熱田神宮公園から堀川をまたぎ、白鳥公園へ渡る歩行者専用の吊り橋

和紙と世界各国の手漉き紙が約2万点揃った日本随一の紙の専門店

名古屋城築城の際に資材と物資運搬のために熱田湊と結んだ人工の川

白鳥庭園
しろとりていえん
MAP 付録P.17 D-2

御嶽山から伊勢湾までの
水の流れをテーマにした庭園
おんたけさん

約3.7haの園内を中部地方の地形に見立てた東海地方最大級の規模を誇る日本庭園。茶寮汐入では自然が織りなす庭を眺めながら抹茶や甘味を楽しめる。
りょうしおいり

☎052-681-8928 所熱田区熱田西町2-5
開9:00～17:00(入園は～16:30) 休月曜(祝日の場合は翌日) 料300円 交地下鉄・熱田神宮西駅から徒歩10分 Pあり(有料)

↓四季折々の花に彩られた日本庭園

名古屋駅　名鉄名古屋駅

名鉄名古屋本線

神宮東公園前　三本松局

熱田駅前　熱田駅　神宮東公園

熱田区役所○

田神宮西駅　東海道本線

熱田神宮
☆

神宮前北　三本松

宮きしめん 神宮店 P.79　R

きよめ餅総本家 S　神宮前駅
P.77

神宮東門

秋葉

紙の温度 S

DCM
カーマ21 S

地下鉄名城線　熱田局　有松駅○

田神宮南　熱田神宮
伝馬町駅

宮宿の茶店の女子衆が
歌った歌が各地に広まっ
たという、都々逸発祥の地

06
つた蓬莱軒 本店

ここでしか味わ
えない、秘伝の
タレで食す元
祖ひつまぶしの
老舗本店

247

名鉄常滑線

中部国際空港駅○　新瑞橋駅○　笠寺駅○

都々逸
発祥の地

断夫山古墳
だんぷさんこふん
MAP 付録P.17 D-1

**日本武尊伝説の残る東海
地方最大級の前方後円墳**

6世紀初頭の豪族・尾張氏の墓と
されるが、日本武尊の妃の墓とい
う伝説も残る。

↑緑豊かで周囲には濠がめぐらされている

☎052-954-6783(愛知県県民文化局文化部文化芸術課文化財室)　所熱田区旗屋
1-10-45　開休料外観のみ見学自由　交地下鉄・熱田神宮西駅から徒歩9分　Pあり

白鳥古墳
しろとりこふん
MAP 付録P.17 D-2

**日本武尊の御陵との
伝説が残る前方後円墳**

現在では古墳時代にこの地を治め
た尾張氏の墓と推定されている。

↑天保8年(1837)に馬具や須恵器など
の副葬品も見つかったが埋め戻されている

☎052-972-3268(名古屋市教育委員会
文化財保護室)　所熱田区白鳥1-2
開休料外観のみ見学自由　交地下鉄・熱田神宮西駅から徒歩6分　Pなし

東海道一の賑わいをみせた宮宿

宮宿は桑名に渡る海路と、
佐屋街道や美濃街道とつな
がる交通の要衝で、熱田神
宮の参詣客や参勤交代の行
列らで賑わった。当時は約
250軒の旅籠が並んだという。

➡東海道五拾三次 保永堂版『宮』
〈貨幣・浮世絵ミュージアム所蔵〉

立ち寄りスポット

きよめ餅総本家
きよめもちそうほんけ
熱田神宮で清められた参拝客のお
みやげとして人気になったきよめ餅
を販売する老舗。

↑熱田神宮の東門前に店を構える

MAP 付録P.17 F-2
☎052-681-6161
所熱田区神宮3-7-21
営8:30～18:00 土・日曜8:30～18:
00　休無休　交名鉄・神宮前駅から
徒歩2分　Pあり

➡1個150円。上品な甘さ
が特徴の熱田みやげの定番

七里の渡し跡
しちりのわたしあと
MAP 付録P.17 E-3

**旧東海道で唯一の
海上路を偲ぶ**

東海道五十三次の最大の
宿場町・宮宿と桑名宿を
結んだ唯一の海上路。そ
の距離が七里であったこと
にちなんだ渡しの跡。宮宿
側が公園として整備。

↑常夜灯や時の鐘が
復元され、往時の面影
が偲ばれる

☎なし　所熱田区神戸町周辺
開休料見学自由　交地下鉄・熱
田神宮伝馬町駅から徒歩10分
Pなし

➡七里(28km)の距離
を3～4時間ほどかけ
て渡ったという

熱田

熱田神宮の神聖な境内へ

2013年に創祀1900年を迎え、
およそ6万坪の静謐な空気漂う境内に
本宮、別宮など29社が鎮座する聖域を巡る。

万人の願いとともに歩んだ歴史

　徳川家康による名古屋開府よりもはるかに古い歴史を誇る熱田神宮は、今からおよそ1900年前、この地に三種の神器のひとつである草薙神剣が祀られたことに始まる。伊勢の神宮に次ぐ尊い神社として崇敬を集め、年間約700万人の参拝者が訪れている。
　境内には熱田神宮を篤く信仰していた織田信長が戦勝のお礼に奉納した土塀や西行法師が休んだとされる二十五丁橋が残るほか、宝物館には貴重な宝物を収蔵・展示している。

歩く・観る●熱田

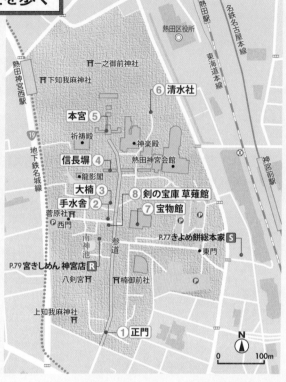

地図内ラベル：
熱田駅／熱田区役所／名鉄名古屋本線／東海道本線／熱田神宮西駅／地下鉄名城線／一之御前神社／下知我麻神社／⑥ 清水社／本宮 ⑤／祈祷殿／神楽殿／神宮前駅／信長塀 ④／熱田神宮会館／龍影閣／大楠 ③／⑧ 剣の宝庫 草薙館／手水舎 ②／⑦ 宝物館／菅原社／西門／南神池／P.77きよめ餅総本家 S／参道／東門／P.79 宮きしめん 神宮店 R／南神池／八剣宮／楠御前社／上知我麻神社／① 正門／N／0 100m

三種の神器とは

歴代の天皇が皇位継承の証しに代々受け継いできた鏡・剣・勾玉のこと。熱田神宮の御神体である草薙神剣は、日本武尊が用いたとされるもの。鏡は伊勢神宮、勾玉は皇居に祀られている。

2 手水舎
てみずしゃ

身を清めて本宮へ

参拝の前に身を清める。最初に左手を清め、次に右手、口をすすぎ、再び左手を清める。

◎心身を清めて神前へ向かう

◎当時は神々をお護りするために、塀を造って聖域を区別した

1 正門
せいもん

聖域への入口

境内の南端に建つ凛としたたたずまいの大鳥居。くぐる前には、脱帽して一礼をする。

◎本宮へ続く正参道には楠などが生い茂る

3 大楠
おおくす

境内を見守る巨木

弘法大師が自ら植えたと伝えられている楠。高さ20m、幹周りは7mの巨木で、樹齢は1000年を超えるという。

◎弘法大師のお手植えと伝えられている

4 信長塀
のぶながべい

勝運が宿る土塀

信長が桶狭間で大勝した礼に奉納した土塀。兵庫西宮神社の大練塀、京都三十三間堂の太閤塀と並ぶ日本三大土塀のひとつ。

注目ポイント

尾張造から神明造へ

三種の神器を祀ることから格の高い神社とされ、明治26年(1893)に、伊勢神宮とほぼ同様の神明造に建て替えられた。

↑現在の本宮は、2009年に熱田神宮創祀1900年の記念事業で造営修繕されたもの

5 本宮
ほんぐう

熱田の杜の聖域

緑深い熱田の杜の最も奥に位置し、三種の神器のひとつである草薙神剣を祀る。伊勢の神宮と同様の建築様式になっている。

6 清水社
しみずしゃ

願いが叶う清らかな水

水の神、罔象女神を祀る。社の奥の湧水は願いが叶う水ともいわれる。

↑湧水を肌につけると、美肌効果があるという説も

7 宝物館
ほうもつかん

国宝・重要文化財は108点収蔵

皇室をはじめ、一般の篤志家から寄贈された宝物約6000点を収蔵、月替わりで展示している。

↑宝物館は名刀の宝庫ともいわれる

8 剣の宝庫 草薙館
つるぎのほうこ くさなぎかん

2021年に開館

国宝・重文に指定された刀剣20口をはじめ、約450口の刀剣を月替わりで展示している。

休憩スポット

宮きしめん 神宮店
みやきしめん じんぐうてん

神宮の「宮」の字をいただいた、熱田神宮が発祥の名物きしめん。もっちりした食感と歯ごたえが自慢。おみやげや甘味も販売する。

MAP 付録P.17 E-2
☎052-682-6340
🕐9:00～17:00
(LO16:30)
休無休

↑カツオだしが香る、一番人気の宮きしめん800円。みそかつとのセットも

熱田神宮の神聖な境内へ

境内にある主な別宮・摂社・末社

広い境内には、本宮のほか熱田神宮にゆかりの深い神様が別宮1社、摂社8社、末社19社に祀られている。

▌八剣宮
はっけんぐう

和銅元年(708)に創祀。武門の信仰が篤く、戦国の三英傑たちも崇拝した社。

▌上知我麻神社
かみちかまじんじゃ

「知恵の文珠様」と呼ばれ、合格祈願の受験生で賑わう。初えびすも行われる。

▌楠御前社
くすのみまえしゃ

安産の神として篤く信仰される社。社殿はなく、楠の御神木が祀られている。

▌菅原社
すがわらしゃ

学問の神様、菅原道真を祀る。願い事が書かれた絵馬がずらりと掛けられている。

絞りで栄えた商家・旧家が残る

有松
ありまつ

江戸時代からの歴史を持ち、有松絞りで知られる街。旧東海道沿いの古い街並みを訪ね江戸の風情に浸ってみたい。

歩く・観る●有松

有松絞りで繁栄した商家を巡り奥深い伝統文化にふれる

慶長13年(1608)、藩の奨励で鳴海宿と池鯉鮒(知立)宿の間宿として開かれた。耕地が少なく、茶屋集落としての営みに限界があったため、絞り染めを始めたといわれる。有松絞りは東海道の旅人に好評を博し、街は繁栄を誇った。有松は市の町並み保存地区第1号となり、現在も当時の面影が残る。旧東海道沿いの商家や旧家を散策し、古い建物を利用したお店にも立ち寄りたい。

観光のポイント

江戸の面影を残す通りを歩く
旧東海道沿いには有松絞りで財を成した商家・旧家が並び、当時と変わらぬ姿を見学できる

有松絞りのショップを巡る
400年の伝統を持つ有松絞り。多彩なデザインから自分好みのものを探すのも楽しい

交通information

名鉄名古屋駅から名鉄名古屋本線・準急で有松駅まで17分

鳴海宿で知名度を上げた有松絞り

有松絞りは、天下普請で九州から来ていた人が着ていた絞り染めをヒントに作られるようになる。藩の特産品として保護され、隣の宿場町・鳴海で販売すると、旅人に評判となった。

⬆東海道五拾三次保永堂版『鳴海』(貨幣・浮世絵ミュージアム所蔵)

有松山車会館
ありまつだしかいかん
MAP 付録P.18 C-1

精巧なからくり人形を載せた豪華な山車を公開する

有松祭りの主役を務めるからくり人形山車を展示。江戸から明治にかけて作られた布袋車、唐子車、神功皇后車が1年おきに入れ替わる。

☎052-621-0111 所緑区有松2338 時10:00〜16:00 休月〜金曜 料200円 交名鉄・有松駅から徒歩5分 Pあり

⬆毎年10月に行われる有松祭りに登場する山車を展示

有松・鳴海絞会館
ありまつ・なるみしぼりかいかん
MAP 付録P.18 C-1

有松絞りの伝統を紹介絞りの体験教室も開催する

歴史的にも工芸的にも価値の高い製品や資料を展示し、実演も行う。予約すると体験教室に参加でき伝統の技にふれられる。

☎052-621-0111 所緑区有松3008 時9:30〜17:00(実演は〜16:30) 休無休 料資料室300円、体験実習1800円〜(要予約) 交名鉄・有松駅から徒歩5分 Pあり

⬆約400年の歴史を持つ有松絞りの貴重な資料を展示

⬅1階では商品の販売も行っている(P.126)

多彩な柄が魅力の有松絞りをおみやげに

手ぬぐいなどの伝統的なものから、モダンなデザインのアイテムまで、豊富な種類のなかからお気に入りを見つけたい。

井桁屋
いげたや

MAP 付録P.18 C-1

江戸時代から続く絞り問屋

寛政2年(1790)から続く絞り問屋。有松絞りの手ぬぐいから浴衣用の反物まで揃う。

- ☎052-623-1235
- 🏠緑区有松2313
- 🕙10:00～17:00
- 🈲不定休
- 🚃名鉄・有松駅から徒歩3分 🅿あり

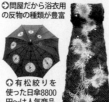

➡問屋だから浴衣用の反物の種類が豊富

➡有松絞りを使った日傘8800円～は人気商品

➡おみやげに人気の有松絞りの手ぬぐい1210円～

まり木綿
まりもめん

MAP 付録P.18 B-1

伝統にモダンテイストを

芸術大学出身の若手オーナーによる店。モダンなデザインの有松絞り商品が人気を集める。

- ☎052-693-9030
- 🏠緑区有松1901
- 🕙10:00～15:00(土・日曜は～17:00) 🈲火～木曜 🚃名鉄・有松駅から徒歩2分 🅿名鉄協商パーキング有松駅第二利用

➡色彩鮮やかな伊勢木綿を素材にした手ぬぐい各1980円～

➡カラフルな装飾が斬新な手描きマジック足袋1足6930円～

➡ポップな絞り柄が特徴の各種がまぐち(小)2607円～、親子4917円～

有松

足をのばして

町家を改装した商業施設。人気のパン屋をはじめ、個性的なショップが揃う

名鉄名古屋本線

イオンタウン有松 SC

まり木綿 S P.81

有松駅

神半邸

P.81 井桁屋 S

服部邸

R 寿限無茶屋

★有松山車会館

★有松・鳴海絞会館

有松小

知立駅

問屋を改築した店舗で手打ちのうどんが味わえる

桶狭間古戦場公園
おけはざまこせんじょうこうえん

織田信長が10分の1ほどといわれる寡兵で今川義元を討ち破り、勝利を収めた桶狭間の戦いの戦場跡。公園内に合戦当時の地形に模して整備されたジオラマや史跡などがある。

MAP 付録P.18 C-4

- 🏠緑区桶狭間北3
- 🈲入園自由
- 🚃名鉄・有松駅から市バス・有松町口水池行きで7分、幕山下車、徒歩3分 🅿なし

➡ジオラマ公園で当時を再現

➡園内には織田信長(左)と今川義元(右)の碑が立つ

歴史ある商家を見る

現在も民家として利用されているので、建物だけを静かに見学したい。

服部邸 はっとりてい

寛政2年(1790)創業、有力な問屋の典型的な建築様式。間口を広く設け、中央部に2階建ての主屋を配する。

MAP 付録P.18 C-1

🏠緑区有松2313

竹田邸 たけだてい

有松絞りの開祖・竹田庄九郎の後裔で300年以上の伝統を持つ竹田家の屋敷。主屋と土蔵、茶室、書院からなる。

MAP 付録P.18 B-1

🏠緑区有松1802

岡邸 おかてい

幕末の重厚な問屋の建築。主屋は木造切妻造り2階建てで桟瓦葺き、土庇付の建物。2階にある窓の縦格子が優美。

MAP 付録P.18 B-1

🏠緑区有松809

小塚邸 こづかてい

木造切妻造り2階建ての建物で、外壁、軒裏は塗籠漆喰塗り。隣家との境に防火壁である「うだつ」が設けられている。

MAP 付録P.18 B-1

🏠緑区有松806

日本の五大港に数えられる海の玄関口

名古屋港
なごやこう

国際貿易港で名高い巨大流通拠点は、楽しい観光スポットが目白押しのレジャー施設集結エリアだ。

クルーズ名古屋

ガーデンふ頭、名古屋港ワイルドフラワーガーデン ブルーボネット、金城ふ頭間を移動する場合は、水上バスを利用したい。ガーデンふ頭から金城ふ頭まで約30分／900円で、土・日曜、祝日のみ運航される。

問い合わせ先
東山ガーデン ☎052-659-6777

観光のポイント

見どころ満載のガーデンふ頭
広大な臨港緑園の周囲にある水族館や商業施設に立ち寄りたい

港ならではのイベントや景観
水面にきらめく花火や港を横断する三大橋の眺めを楽しむ

交通information

名古屋駅からJR東海道本線・新快速などで金山駅まで3分、地下鉄名港線に乗り換えて名古屋港駅まで13分／名古屋駅から名古屋臨海高速鉄道あおなみ線で金城ふ頭駅まで24分

潮風と歴史を感じる港湾エリアで多彩なエンターテインメントにふれる

4市1村にまたがる名古屋港は、総貨物取扱量日本一を誇り、数多くのふ頭が点在している。なかでも豪華クルーズ船が着岸するガーデンふ頭は、最先端の海洋生物研究で知られる名古屋港水族館など観光スポットが集結。金城ふ頭駅すぐのリニア・鉄道館は実物車両の迫力ある展示など、大人から子どもまで存分に楽しめる鉄道ワールドが広がる。水上バスでの海上散策もおすすめ。

⛲北館ではシャチの公開トレーニングが必見。華麗な種目を次々と披露

名古屋港水族館
なごやこうすいぞくかん
MAP 付録P.19 F-1

南極へ至る自然環境を紹介
日本最大スケールのメインプール

南館は日本〜南極までの各水域にすむ生物に出会える。シャチやベルーガが暮らす北館では、日本最大のプールでのイルカパフォーマンスが圧巻。

☎052-654-7080 🏠港区港町1-3 🕘9:30〜17:30(季節により変動あり) 🚫月曜(祝日の場合は翌日) 💰2030円 🚇地下鉄・名古屋港駅から徒歩5分 🅿ガーデンふ頭駐車場利用(有料)

⛲マイワシのトルネードが見られる南館の黒潮大水槽(左)。展示生物は約500種、5万点(右)

リニア・鉄道館
リニア・てつどうかん

MAP 付録P.19 D-4

在来線から超電導リニアまで迫力の実物車両が並ぶ

JR東海が運営する鉄道の博物館。展示車両のメインは、数々の東海道新幹線の車両群。100系2階建て食堂車の内部に入ることができると評判。人気の新幹線シミュレータ「N700」は館内で先着順で申込（1回500円）。

☎052-389-6100
⊕港区金城ふ頭3-2-2 ⏰10:00～17:30（入館は～17:00）❌火曜（祝日の場合は翌日）💴1000円 🚃あおなみ線・金城ふ頭駅から徒歩2分 🅿なし

↑車両の展示を通じて、高速鉄道技術の進歩を紹介

↑2003年に当時の世界最高速度581km/hを記録した超電導リニアMLX01-1

↑新幹線や在来線、超電導リニアが駆け巡る鉄道ジオラマ

↑特製幕之内御膳1500円

↑超電導リニアロングバームクーヘン770円

※一部車両への立ち入りを制限している場合あり

名古屋海洋博物館
なごやかいようはくぶつかん

MAP 付録P.19 F-1

輸出用自動車の実物展示や操船シミュレータに注目

国際貿易港である名古屋港の歴史と役割を広く紹介。隣接する南極観測船ふじでは船内を見学できる。

☎052-652-1111（名古屋港ポートビル）
⊕港区港町1-9 ⏰9:30～17:00（夏季は夜間営業あり）❌月曜 💴300円 🚃地下鉄・名古屋港駅から徒歩5分 🅿ガーデンふ頭駐車場利用

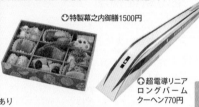
↑全長約10mのライブジオラマ名古屋港

名古屋港
ワイルドフラワーガーデン
ブルーボネット
なごやこう ワイルドフラワーガーデン ブルーボネット

MAP 付録P.19 F-2

ワイルドフラワーを生かした自然風庭園がコンセプト

外国庭園の模倣ではなく、伝統的日本庭園でもない新しいスタイルの自然風庭園。

※2023年12月末～2025年4月中旬、リニューアル工事のため休園

（地図）

中部地区最大級の規模を誇る高さ85mの大観覧車が人気

地上53mの展望室からは伊勢湾や御嶽山までも一望できる

レゴ®ブロックの魅力を満喫できるアトラクションが充実している

名古屋港を横断する三大橋。幻想的な夜間ライトアップに注目

名古屋駅
荒子川公園駅
荒子川公園
SC イオンモール名古屋みなと
SC ニトリ いろは橋
みなとSC
港区役所駅
金山駅
名古屋港線地下鉄
名四国道
中川運河
荒子川
築地口駅
港新橋
名古屋港駅
中川口
シートレインランド
堀川
名古屋港水族館 ★
稲永駅
ポートハウス
ガーデンふ頭臨港緑園
水上バス乗り場
名古屋港ポートビル
名古屋海洋博物館 ★
大江川
名古屋港
稲永東公園
★ 名古屋港 ワイルドフラワーガーデン ブルーボネット
水上バス乗り場
潮見橋
稲永公園
野跡駅
あおなみ線
名古屋港臨海高速鉄道
天白川
中部電力新名古屋火力発電所
クルーズ名古屋
名古屋港フェリー埠頭
名港西大橋
飛島IC
名古屋中央
名港中央大橋
伊勢湾岸自動車道
名港潮見
名港東大橋
東海IC
ポートメッセなごや
水上バス乗り場
LEGO LAND® Japan
金城ふ頭駅
★ リニア・鉄道館
金城埠頭

名古屋港

もっと名古屋を知る

動物園や愛知万博跡地に広がる公園、博物館に古刹など、名古屋にはまだまだ多くの見どころがある。
名古屋が歩んできた歴史や時代を感じながら、のんびり巡れば新たな魅力に出会うことができる。

東山動植物園
ひがしやまどうしょくぶつえん
東山公園 **MAP** 付録P.15 F-4

自然な動物の姿に出会う

広大な敷地内に動物園、植物園などが入る総合公園。それぞれの動物が生息している地に近い環境を再現した新施設が続々と完成している。遊園地も併設しており、家族で一日楽しめる。

☎052-782-2111(東山総合公園) 　**所**千種区東山元町3-70 　**開**9:00〜16:50(入園は〜16:30) 　**休**月曜(祝日の場合は翌平日) 　**料**500円、東山スカイタワーとの共通券640円(各アトラクションは別料金) 　**交**地下鉄・東山公園駅から徒歩3分 　**P**あり(有料)

⬆イケメンで有名なニシゴリラのシャバーニ

⬆2023年には新トラ・オランウータン舎などが

⬆現存する日本最古の公共温室。開園当時は「東洋一の水晶宮」と呼ばれ、重要文化財にも指定されている

⬅ライトアップされ、あでやかな赤色を浮かび上がらせるモミジ

鶴舞公園
つるまこうえん
鶴舞 **MAP** 付録P.2 C-2

100年を越す歴史をもつ公園

名古屋市で最初に設置された公園。園内には桜や花菖蒲、バラなどが咲き誇り、花の名所として観光客を楽しませている。レトロな建築物も多く残る。

☎052-733-8340(名古屋市緑化センター) 　**所**昭和区鶴舞1 　**開休料**入園自由 　**交**各線・鶴舞駅からすぐ 　**P**あり(有料)

⬆明治43年(1910)に建てられたイタリア・ルネサンス風の奏楽堂

⬆胡蝶ヶ池では7月中旬〜8月中旬にかけて美しい蓮の花が見られる

バンテリンドーム ナゴヤ ©(株)ナゴヤドーム
大曽根 **MAP** 付録P.3 D-1

中日ドラゴンズの本拠地

1997年開場。プロ野球のほか、コンサートや展示会など各種イベントを開催。飲食店舗では、なごやめしや選手考案メニューが楽しめる。

☎052-719-2121 　**所**東区大幸南1-1-1 　**開休料**イベント・施設により異なる 　**交**地下鉄・ナゴヤドーム前矢田駅から徒歩5分 　**P**あり(有料)

⬆自然光が採り入れられる屋根

⬆歴代選手たちの貴重な品などを展示するドラゴンズミュージアム

名古屋市博物館
なごやしはくぶつかん
瑞穂 **MAP** 付録P.2 C-2

尾張の歴史を深く知る

名古屋を中心とした尾張地方の豊富な歴史資料を保管。リニューアル改修工事のため2026年度まで長期休館中(予定)。詳細はホームページを。

☎052-853-2655 　**所**瑞穂区瑞穂通1-27-1 　**交**地下鉄・桜山駅から徒歩5分
https://www.museum.city.nagoya.jp/

⬆建物の前には日本庭園を配しており、季節の花を観賞できる(月曜を除く8:45〜18:00)

写真提供:名古屋市博物館

昭和美術館
しょうわびじゅつかん
昭和 **MAP** 付録P.3 D-2

茶の歴史と文化を感じる

創設者の後藤幸三が収集した書や茶道具を中心に保存、展示を行っている。庭園内の愛知県指定文化財南山寿荘の内部は毎年11月3日に公開される。

☎052-832-5851 　**所**昭和区汐見町4-1 　**開**10:00〜16:30(入館は〜16:00) 　**休**月・火曜(祝日の場合は開館)、展示替え期間(夏季・12月) 　**料**1000円 　**交**各線・金山駅から市バス・妙見町行きで22分、上山町下車、徒歩5分 　**P**あり

⬆閑静な住宅街の中にある。館内の庭園には3つの茶室が点在

⬆展示室では季節ごとの茶道具や書を鑑賞することができる

歩く・観る ● 名古屋の見どころ

愛・地球博記念公園
（モリコロパーク）

あい・ちきゅうはくきねんこうえん（モリコロパーク）

長久手 **MAP** 付録P.3F-1

大切なメッセージを伝える場所

2005年に開催された愛知万博（愛・地球博）の長久手会場跡地に整備された公園。園内には万博の様子を伝える「愛・地球博記念館」のほか、季節により、さまざまな草花が楽しめる。

☎0561-64-1130 所長久手市茨ケ廻間乙1533-1 開8:00〜19:00(11〜3月は〜18:30、火曜は〜17:30) 休12月29日〜1月1日、園内施設は火曜(祝日の場合は翌平日) 料施設により異なる 交リニモ・愛・地球博記念公園駅からすぐ Pあり(有料)

↑愛・地球博記念館では参加国から寄贈された品々などが見られる

↑博覧会の会場で実際に使用されていた品も展示されている

↑広大な敷地内には、ジブリパークをはじめ、アイススケート場やサイクリングコース、日本庭園などさまざまな施設がある

八事山 興正寺

やごとさん こうしょうじ

八事 **MAP** 付録P.3D-2

尾張高野と称される名刹

貞享5年(1688)創建の古刹。尾張徳川家が繁栄を祈願した寺としても名高い。緑豊かな境内には7つのお堂があり、多くの参拝者を迎えている。

☎052-832-2801 所昭和区八事本町78 開8:00〜17:00(普門園拝観10:00〜16:00)※要予約 休無休(普門園は不定休) 料普門園拝観500円 交地下鉄・八事駅から徒歩3分 Pあり(有料)

↑普門園にある茶室 竹翠亭。伝統建築と季節の室礼を見学できる

↑国の重要文化財指定の五重塔。文化5年(1808)に建立された

建中寺

けんちゅうじ

白壁周辺 **MAP** 付録P.7D-4

尾張徳川家の菩提寺

第2代尾張藩主・徳川光友が、父・義直の菩提を弔うため慶安4年(1651)に創建。戦火を免れた境内の建物の多くが県や市の文化財指定を受けている。

☎052-935-3845 所東区筒井1-7-57 開境内自由、本堂5:00〜16:00、御朱印9:00〜12:00 13:00〜17:00 休無休 料経蔵300円 交地下鉄・車道駅から徒歩10分 Pあり

↑風格のある入母屋造本瓦葺きの本堂(名古屋市指定文化財)

↑創建当時の姿を残す総欅造りの山門(名古屋市指定文化財)

若宮八幡社

わかみやはちまんしゃ

栄 **MAP** 付録P.12C-2

名古屋総鎮守として創建

文武天皇の時代に那古野庄今市場(現在の名古屋城内)に創建と伝わる。慶長15年(1610)、徳川家康の名古屋城築城の際に現在の地に遷座した。

☎052-241-0810 所中区栄3-35-30 開休料境内自由 交地下鉄・矢場町駅から徒歩5分 Pあり

↑戦後再建された社殿。仁徳天皇、応神天皇、武内宿禰を祀る

↑5月15〜16日の若宮まつりでは山車の福禄寿車を中心に、華やかな行列が練り歩く

笠寺観音（笠覆寺）

かさでらかんのん（りゅうふくじ）

笠寺 **MAP** 付録P.2C-3

笠をかぶせた観音様を祀る

名古屋城を中心とする尾張の国を守る尾張四観音のひとつ。ある娘が風雨にさらされる観音像に笠をかけ、のちに良縁に恵まれたことが名前の由来。

☎052-821-1367(8:00〜16:00) 所南区笠寺町上新町83 開休料境内自由 交名鉄・本笠寺駅から徒歩3分 Pあり(8:00〜16:00)

↑娘が観音像にかぶせたとされる笠の断片が残っている

↑本尊の十一面観世音菩薩は、光を放つ木で彫られたといわれる

城下町の今昔をたどる時間旅行

熱田を中心とした古代の繁栄、戦乱を経て家康が築いた城下町の賑わい、近代以降の産業の発展といつの時代も着実に進歩を遂げた名古屋。古代から現代まで、街が重ねた歴史の要所にふれてみたい。

4世紀〜 古墳が物語る古代の勢力図
尾張氏の台頭
おわり

**弥生時代の終焉とともに地域権力が急伸
中央権力と関係を結んだ豪族は巨大古墳を造った**

　ヤマト政権支配下の4〜5世紀、朝廷との関わりを持つ尾張氏は、交通の要所だった熱田を押さえ、窯業や塩生産を始める。熱田に残る断夫山古墳をはじめとした巨大古墳は、尾張氏など豪族が大きな勢力となっていたことを物語る。大化の改新後、現在の愛知県域には尾張と三河の2国が設定され、律令国家の確立とともに仏教が伝来。古墳の築造に代わり、寺院の建立が進められた。

11〜17世紀 信長、秀吉、家康の登場
覇権を争う戦国時代へ

**混迷の時代のなか現れた三英傑によって
戦乱に終止符が打たれることとなる**

　平治の乱、承久の乱、応仁の乱と続く戦乱で分裂した尾張の統一を進めたのは織田氏だった。永禄3年（1560）、信長は桶狭間で駿河・遠江を領した今川義元を破る。三河では松平（のちの徳川）氏が勢力を広げ、家康が全域の支配に成功。信長は清須城を、家康は岡崎城を拠点として統治を進めるようになる。本能寺の変で信長が倒れてからは、二男の信雄が尾張を継承したが、政治の実権は家臣であった羽柴（のちの豊臣）秀吉が掌握、大坂城を本拠に全国を統一した。関白となった秀吉は天正18年（1590）、小田原の後北条氏に大軍を向かわせる。家康と信雄は先鋒を務め、戦後、秀吉は家康を後北条氏の旧領へ移し、信雄を三河に配置する命令を下す。尾張を離れることを拒んだ信雄は改易され、下野国に流された。慶長5年（1600）の関ヶ原の戦いまで、尾張と三河は織田・徳川の手を離れ、豊臣氏の領国となる。

断夫山古墳 ◯P.77
だんぷさんこふん
6世紀初頭築造、全長約151mの東海最大の前方後円墳。尾張氏の墓、日本武尊の妃の墓などの説がある。

白鳥古墳 ◯P.77
しろとりこふん
全長約70mの前方後円墳。6世紀初頭頃の築造といわれ、尾張氏の墓という説が有力。

焼物生産の始まり

　5世紀後半になると朝鮮半島から耐久性の高い須恵器を作る技術が尾張に伝わる。東山地区などに須恵器生産の拠点が確認されており、猿投山西南麓の丘陵地帯、約20km四方におよぶ古窯跡は猿投窯と名付けられた。猿投窯は10〜11世紀頃に最盛期を迎えるが、陶磁器の輸入増加などにより衰退。焼物の生産は周辺に拡散し、常滑や瀬戸でさらなる技術の発展を遂げた。

常滑 ◯P.146
とこなめ
日本六古窯のひとつ。中世には壺や甕など大型貯蔵容器が作られ、その後急須や土管、タイルなどの一大生産地に。

◯『尾州桶狭間合戦』歌川豊宣画。義元の戦死で今川軍は戦意を喪失、織田軍勝利に終わる

信長、秀吉、家康。天下人が過ごした名古屋

日本の礎を築いた三英傑の歴史舞台を巡る

家康が6歳で人質として織田家に幽閉されたとき、信長は14歳、秀吉は11歳だった。
天下統一を目指した3人が、それぞれに多感な時期を過ごした地に、今も残る足跡を訪ねたい。

〈長興寺所蔵〉写真協力：豊田市郷土資料館

うつけと呼ばれたカリスマ
織田信長
おだのぶなが

天文3年（1534）に現在の名古屋城の前身の那古野城に生まれる。「うつけ」と呼ばれた青年時代、萬松寺で父・信秀の葬儀の際に位牌に抹香を投げつけたのは有名な話。桶狭間古戦場公園には今川義元の2万5000の大軍を10分の1ほどの兵で破った古戦場が再現され、戦勝祈願をした熱田神宮には信長が寄進した土塀が残るなど、各地に天下人となる前の信長の足跡が見られる。

万松寺 ➡P.57
ばんしょうじ

織田家の菩提寺。名古屋城築城の際現在の大須に移された。『敦盛』を舞う信長のからくり人形がある。

熱田神宮 ➡P.76
あつたじんぐう

永禄3年（1560）桶狭間出陣の際、信長が戦勝を祈願した神社。境内に現存する「信長塀」は日本三大土塀のひとつ。

桶狭間古戦場公園 ➡P.81
おけはざまこせんじょうこうえん

合戦当時の地形や砦をジオラマ化した公園。合戦の地は諸説あるが、田楽坪と呼ばれた当地が有力とされる。

〈名古屋市秀吉清正記念館所蔵〉

中村の農民から天下人へ
豊臣秀吉
とよとみひでよし

天文6年（1537）年、今の中村区・中村公園のあたりの農民の子として生まれたといわれるが、これには諸説ある。15歳で家を出るまで名古屋の地で育ち、信長に才能を見いだされた逸材。織田家に仕えた折に、信長の冷えた草履を懐で温めた逸話は有名。出生地とされる中村公園に神社や記念館が集まり、隣接する常泉寺には今も産湯の井戸や御手植のヒイラギが残されている。

豊國神社
とよくにじんじゃ

中村 MAP 付録P.2 B-1

明治18年（1885）、豊臣秀吉生誕の地に創建された神社。

☎052-411-0003 所中村区中村町木下屋敷 時9:30～16:30 休無休 料無料 交地下鉄・中村公園駅から徒歩10分 Pなし

名古屋市秀吉清正記念館
なごやしひでよしきよまさきねんかん

中村 MAP 付録P.2 B-1

豊臣秀吉と加藤清正の資料を展示。

☎052-411-0035 所中村区中村茶ノ木25 時9:30～17:00 休月曜（祝日の場合は翌平日）、第4火曜（祝日の場合は開館） 料無料 交地下鉄・中村公園駅から徒歩10分 Pあり（有料）

〈大阪城天守閣所蔵、伝 狩野探幽筆〉

平和な時代を築いた名将
徳川家康
とくがわいえやす

天文11年（1542）、岡崎城で生まれた家康は、6歳のときに今川の人質となるが、騙されて織田家の人質として熱田に幽閉される。その後萬松寺に移され信長と対面、9歳まで過ごしたといわれている。桶狭間の戦いで信長とともに今川を破ったのちに解放され、信長とは固い同盟を結んだ。天下統一後は名古屋発展の礎を築き、徳川美術館には家康ゆかりの品々が残る。

名古屋城 ➡P.60
なごやじょう

慶長17年（1612）に築城し、元和2年（1616）に初代藩主となった徳川義直が入城した。尾張藩62万石の居城。

徳川園 ➡P.66
とくがわえん

尾張藩第2代藩主・光友が造営した隠居所・大曽根屋敷の跡地に造られた、季節の花々が美しい庭園。

徳川美術館 ➡P.67
とくがわびじゅつかん

家康をはじめ尾張徳川家の歴代藩主や奥方、姫君らの愛用した遺品のほか、国宝『源氏物語絵巻』を所蔵。

城下町の今昔をたどる時間旅行

家康が持てる力を注ぎ込んだ街
名古屋の開府と築城

**近世城郭建築の傑作・名古屋城の築城をはじめ
碁盤割の街の整備が進められた**

　慶長5年(1600)、関ヶ原の戦いに勝利した家康は、江戸に幕府を創設するとともに、諸大名・旗本を全国に配置。東西統治の要所となる尾張に九男の義直を置き、62万石の大藩・尾張藩を築く。那古野台地に大坂城をしのぐ要塞・名古屋城の築城を決め、可能な限りの人材と技術を投下、土木工事は福島正則や加藤清正ら、豊臣恩顧の20家に命じる。これは築城技術の利用、財力の消耗、城の防衛体制の喧伝を狙ってのことといわれている。築城に利用する木材運搬のため、熱田の海辺から城までを結ぶ堀川の開削には福島正則があたり、築城の名人・加藤清正が天守閣の石垣を受け持った。人夫20万人を動員し、5年の歳月で城は完成する。築城とともに碁盤割の城下町も形成され、清須から寺社などの建造物を移転、武士・町人も移り住むようになる。

堀川 ⊕P.52
ほりかわ

名古屋城築城のために開削され、街の発展を支えた人工の川。

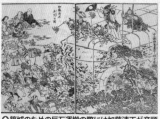

⬆築城のための巨石運搬の際には加藤清正が音頭をとり、民衆が総出で綱を引いたといわれている
『尾張名所図会』〈名古屋市博物館所蔵〉

人、物、街の大移動・清須越
きよすごし

　戦国時代、織田信長・信雄、豊臣秀次らを城主に迎え尾張の中心として栄えた清須だったが、五条川の氾濫などを契機に城の移転が建議され、街ごと移転することとなる。移転に伴う費用を大名に負担させることで、家康は大坂の陣に備えたかったともいわれている。世紀の大移動は慶長15年(1610)に始まり、9万5000人の武士や町人のほか、寺社、橋などの建造物、町名までも約9km離れた名古屋の地へと大移動。大移動を経た街は「思いがけない　名古屋ができて　花の清須は野となろう」と謳われた。

防火のために造られた四間道
しけみち

　元禄13年(1700)、街を大火が襲う。円頓寺から出た火は30時間にわたり燃え続け、城下の家々に甚大な被害を与えた。この経験から、防火対策として当時としては驚くほど広い、道幅四間(約7.2m)の四間道が造られる。名古屋城側に並ぶ家は、防火のために土蔵造りにし、民家が広がる西から出火した場合には、ここで火が止まり、城へ向かわないようにした。土蔵造りの建物には、緊急時に備えて食料や生活用品が詰められていたという。

四間道 ⊕P.40
しけみち

戦災を免れ、今も江戸時代の面影を残す。界隈には土蔵や古民家を改装したレストランやショップが軒を連ねる。

江戸と京都・大坂を行き来する人・物・文化が交錯した地
東西が交錯する要所としての名古屋

**江戸と京都を結んだ中山道と東海道。どちらの街道も直接名古屋を通ることはなかったが
2つの街道を結ぶ美濃路の存在により、多くの旅人が城下町を行き来していた。**

2大街道を結ぶ中継地として発展

　東濃、岐阜を経て名古屋北部を通過し大垣へと延びる中山道、名古屋の南、熱田から船で桑名へと延びる東海道。どちらも名古屋を通過しなかったが、中山道の高低差や東海道の海路を嫌い、名古屋を通り熱田と大垣を結ぶ美濃路を利用する旅人が多かった。東西の中心に位置する名古屋の地理的な環境は、街道の交差点として数多くの旅人が訪れるようになる江戸時代以降、商工業の発展を支える重要な条件だった。

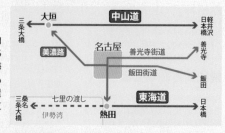

歩く●観る●歴史

家康による城下町の建設計画

清須越により人から寺社、橋にいたるまで名古屋へと移した家康。その大胆な街づくりの構想は
江戸時代を通して守り抜かれ、明治・大正・昭和を経た現代にも息づいている。

過去に例のない大胆なコンセプト

慶長14年(1609)、名古屋遷府を発令した家康はこれまでに例のない「碁盤割」という街の設計を決めた。本来、城は戦いの要塞であるため、城下町は敵の侵入を防ぐために道を曲げ袋小路を設けるなど、当然ながら複雑な設計がなされる。そこを碁盤割にして、街の中心に商人たちを住まわせた。家康は名古屋を軍事ではなく、商業中心の街にしようと試みたのだ。直線道路が多くなることで流通がスムーズになり、さらに堀川の開削と相まって、陸路と水路の両方の流通経路を確保できた名古屋は、またたく間に商都へと発展する。泰平の世を見越した家康の綿密な都市設計は、戦災からの復興でも計画の基盤となり、今も脈々と受け継がれている。

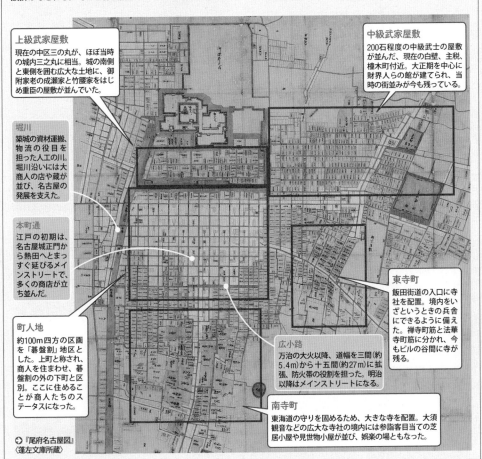

上級武家屋敷
現在の中区三の丸が、ほぼ当時の城内三之丸に相当。城の南側と東側を囲む広大な土地に、御附家老の成瀬家と竹腰家をはじめ重臣の屋敷が並んでいた。

中級武家屋敷
200石程度の中級武士の屋敷が並んだ、現在の白壁、主税、橦木町付近。大正期を中心に財界人らの館が建てられ、当時の街並みが今も残っている。

堀川
築城の資材運搬、物流の役目を担った人工の川。堀川沿いには大商人の店や蔵が並び、名古屋の発展を支えた。

本町通
江戸の初期は、名古屋城正門から熱田へとまっすぐ延びるメインストリートで、多くの商店が立ち並んだ。

東寺町
飯田街道の入口に寺社を配置。境内をいざというときの兵舎にできるように備えた。禅寺町筋と法華寺町筋に分かれ、今もビルの谷間に寺が残る。

町人地
約100m四方の区画を「碁盤割」地区とした。上町と称され、商人を住まわせ、碁盤割の外の下町と区別。ここに住めることが商人たちのステータスになった。

広小路
万治の大火以降、道幅を三間(約5.4m)から十五間(約27m)に拡張、防火帯の役割を担った。明治以降はメインストリートになる。

南寺町
東海道の守りを固めるため、大きな寺を配置。大須観音などの広大な寺社の境内には参詣客目当ての芝居小屋や見世物小屋が並び、娯楽の場ともなった。

◯『尾府名古屋図』
〈蓬左文庫所蔵〉

遊郭

本町通り

⬆7代藩主・宗春の頃の名古屋が描かれた通称『享元絵巻』。左右に延びる本町通りを中心に、活気づく街の様子が伝わる〈名古屋城総合事務所所蔵〉

18～19世紀 かぶき者の藩主・宗春の登場

城下町の繁栄

城下を歩き町人とも接した異例の藩主・宗春
消費と経済の活性化を図り、街は急速に発展する

　8代将軍・吉宗が享保の改革を実施し、倹約の風潮が広まるなか、尾張では7代藩主・宗春の登場により、城下町に活気があふれるようになる。宗春は消費を推奨する政策により、財政支出を拡大し規制緩和を進め、芝居、祭りを推奨し遊郭を公認、藩士には芝居見物を許可した。街には50軒以上の芝居小屋ができ3カ所の遊郭が開業、芝居や娯楽が全国で規制されていたため、役者や遊女が押し寄せ「名古屋の繁華に興（京）がさめた」といわれるほどの賑わいをみせた。市場も新設され商取引が活発化、名古屋は経済拠点としての地位を確立するが、幕府の意向に反する政策は、吉宗の反感を買う。街の繁栄が風俗の悪化や財政赤字を招き、元文4年（1739）、宗春は幕府から隠居謹慎を命じられた。尾張藩は緊縮政策へ転換するが、商業活動の躍進は止まらず、新興商人が藩の御用を務めるようになる。富裕な商人は新田開発を進め、名古屋南部が海から陸へ変わった。

⬆赤い衣装で長さ2間（約3.6m）のキセルをくゆらせたという宗春。庶民からも愛された『享保尾事』〈徳川林政史研究所所蔵〉

新田開発図

名古屋城●

17世紀の開発地域
18世紀の開発地域

熱田神宮

19世紀の開発地域

20世紀の開発地域

名古屋港

大須 ▶P.56

おおす
宗春が広小路から南寺町一帯の開発を推奨したことで発展。戦前まで名古屋随一の歓楽街として栄えた。

江戸時代のガイドブック『尾張名所図会』
おわりめいしょずえ

　名所図会とは江戸時代に流行したガイドブックで、絵と文章を交えて尾張全域の寺社仏閣や名勝などを紹介した。解説文には和歌や漢詩が多く引用されている。

⬆賑わいをみせた広小路。現地を訪れ資料をもとに作成され、当時の様子を正確に伝えている『尾張名所図会』〈名古屋市博物館所蔵〉

金鯱がたどった数奇な運命

　名古屋城の象徴として知られた金鯱も変化する世相の影響を受けるようになる。享保15年（1730）、修理という名目で天守から下ろされ、悪化した財源の確保のため鱗がはがされ、一部が藩の財源にまわされる。以降3度同様のことが繰り返され、22金あった純度が10金に、1.5cmあった厚さが6mmにまで落とされた。明治には、雌雄別々に国内、海外の博覧会を転々とし、8年ぶりに天守に戻るも、3度の盗難に遭う。第二次大戦の空襲により焼失しアメリカ軍が没収、昭和42年（1967）に返還された燃えがらは名古屋市旗の冠頭と茶釜になった。

⬆現在の金鯱は昭和34年（1959）の天守再建の際に造られた2代目

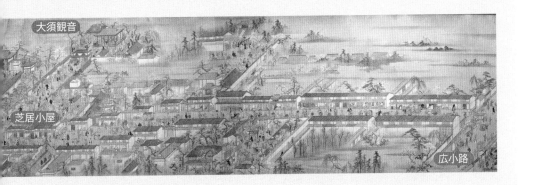

大須観音

芝居小屋

広小路

江戸時代の名古屋を伝える、書きとどめられた見世物や名所

賑わう城下町を記録した絵師・猿猴庵（えんこうあん）

江戸時代のルポライター猿猴庵は、本名を高力種信（こうりきたねのぶ）といい、馬廻り役を務める尾張藩士だった。
常に紙と筆を持ち歩き、城下町の暮らしをいきいきと描いた彼の目線が作品から伝わってくる。

↑葛飾北斎が名古屋の西本願寺掛所において、120畳の巨大なダルマ絵を即興で描いて見物客に拍手喝采を浴びたという『北斎大画即書細図・続梵天綿』〈名古屋市博物館所蔵〉

↑江戸や大坂で大流行した巨大なカゴ細工。獅子や麒麟、三国志の英雄・関羽の像も話題になった『新卑姑射文庫』〈名古屋市博物館所蔵〉

↑オランダから持ち込まれた2頭のラクダが大須観音の見世物に登場。のちにヒョウやアザラシも登場した『絵本駱駝具誌』〈名古屋市博物館所蔵〉

↑文政10年（1827）に大流行した御鍬祭の記録。隣村と仮装行列や巨大な作り物を競い合って楽しんだ『御鍬祭真景図略』〈名古屋市博物館所蔵〉

91

明治の到来以降、躍進する産業

愛知県の成立

近代都市として歩み始めた名古屋では
紡績業を中心とした産業が飛躍的に発展する

　明治4年(1871)の廃藩置県により、尾張に名古屋県、三河の岡崎に額田県が成立、翌年に名古屋県を愛知県に改称し額田県と合併、名古屋城下は名古屋市となる。明治以降は綿織物、生糸、綿糸、陶磁器などの伝統産業を受け継ぎ、いち早く工業化を進めた。明治20年代には、紡績業を中心とした日本の産業革命が始まり、名古屋でも紡績工場が次々に建てられる。産業発達の基礎となる鉄道も開通し、のちの名古屋駅となる停車場を笹島に設置。明治43年(1910)には開園したばかりの鶴舞公園を会場に、産業見本市である第10回関西府県連合共進会が開催され、約260万人を動員。近代化を遂げる名古屋を広く全国に知らしめた。

戦災後のめざましい復興

新しい街づくり

激しい空襲により、街は焦土と化したが
思いきった復興計画により再生を図った

　第一次世界大戦後には重工業の発達が進み、名古屋は工業都市となる。大陸の戦火の拡大により県内に多くの軍需工場が造られた。第二次世界大戦が本格化すると激しい空襲を受け、市域が焦土となり、昭和20年(1945)には名古屋城も焼失した。戦後の復興では、久屋大通と若宮大通の2本の100m道路、9本の50m道路を中心に交通網を整備。江戸時代からの碁盤割の街づくりを基本としながら、中心部を商業地、南部を工業地、周辺を住宅地にあてた市街地の整備が始まり、奇跡の復興を遂げた。

歩く・観る ● 歴史

名古屋発展の土台を築いた吉田禄在

　明治初期、本州を横断する鉄道路線の整備は中山道を通すことで計画が進んでいた。大動脈から名古屋が外れることを危惧した初代名古屋区長・吉田禄在は、中山道の鉄道開発がいかに困難かを説き、一度は決まった計画を東海道ルートに変更させる。また、名古屋港の建設も訴え、国の補助を受けずに県と市の協力により、明治40年(1907)に開港にこぎつけた。鉄道と湾港、2つの輸送手段を得て産業の発展は加速した。

名古屋駅周辺 ⊃P.32
なごやえきしゅうへん
将来のリニア中央新幹線の開通に向けて、名古屋駅周辺はさらなる進化を続けている。

名古屋港 ⊃P.82
なごやこう
日本の主要な国際貿易港に数えられるまでに発展。周囲にはレジャー施設も豊富に揃っている。

戦後復興の父・田淵寿郎

　戦後の復興計画で中心的な役割を担った土木工学者の田淵寿郎。来るべき自動車社会、緑化スペース確保、災害時の避難エリアとしての活用などを想定し、2本の100m道路の計画を立てるが、道路開通の課題となったのが街に残る墓地の存在。そこで、墓地を街の東部へ移転するという前例のない大胆な計画を立案。市民の猛反対を受けるが粘り強い交渉の末、実行にこぎつけた。

⬆千種区にある平和公園。18万基以上の墓がここに移された

⬆大火や空襲のたびに復興を繰り返してきた名古屋。開府から400年、そびえ立つ高層ビルが、街の発展を物語る

世界が注目するものづくりの歴史

**からくり人形から自動織機、自動車、陶磁器など、名古屋で発展した産業を支えた技術の数々。
尾張藩の勤勉な気風、立地など好条件が重なり、ものづくりは世界を舞台に花開いていく。**

置時計がもたらした近代技術の幕開き

　朝鮮から贈られ家康が珍重した時計「自鳴鐘」。すべてはこの置時計が壊れたことから始まった。修理を行った津田助左衛門は仕組みまで把握。複製を家康に献上し、代々尾張藩の時計師となる。その機械技術が「からくり人形」を生む基盤となった。

　こうした技術は、商都名古屋に集まる職人たちによって磨かれ、明治には国産初の腕時計やボンボン時計が誕生。そして工作機械、紡織業を生み出す近代機械技術へと引き継がれていく。

⬆津田助左衛門の櫓時計。時刻がくると鐘を打つ〈刈谷市提供〉

世界ブランドに成長する企業の誕生

　時計の精密機械技術の定着は、盛んだった木材加工の技術と相まって、明治以降は自動織機から、航空機、鉄道車輌、自動車へと発展する重工業の基盤となった。

　大正13年（1924）に発明王の豊田佐吉が自動織機を開発。完全な「自動化」は、息子の喜一郎の自動車産業への参入を促し、世界的企業「トヨタ」の誕生へと導いた。

　一方、地場産業であった陶磁器を世界に送り出した森村組も「ノリタケ」を生み出す。貿易商社であった森村組は明治に入り、現ノリタケの前身となる「日本陶器合名会社」を創立。苦心の末に白色硬質磁器の生産に成功し、日本初のディナーセットが誕生、やがては日本の輸出産業をも支えた。

⬆発明王でトヨタグループの創始者・豊田佐吉（左）と息子でトヨタ自動車創業者の喜一郎（右）

⬆明治9年（1876）、森村組の販売拠点としてニューヨークに開店した輸入雑貨店「モリムラブラザーズ」

名古屋が誇る2大企業の博物館へ

世界企業にまで発展した「トヨタ」と「ノリタケ」
技術の細部と成功への道のりにふれてみたい

トヨタ産業技術記念館 ➡P.38
とよたさんぎょうぎじゅつきねんかん
「繊維機械館」と「自動車館」には本物の機械を展示して技術と産業の変遷を解説。図書室やレストランもある。

ノリタケの森 ➡P.39
のりたけのもり
陶磁器の製造工程や、初期の「オールドノリタケ」が見られるミュージアムのほかレストランではノリタケ食器で食事が楽しめる。

今に受け継がれる伝統の技

　今も名古屋に息づく数々の伝統技術。脈々と伝承されてきた見事な手仕事は、ものづくり名古屋の精神を現在まで支えてきた。

有松絞り ➡P.126
ありまつしぼり
尾張藩の特産品として保護され伝承されてきた。約100種類の技法がある。

尾張七宝 ➡P.126
おわりしっぽう
江戸時代に、オランダから伝わった1枚の皿をもとに改良され生まれた七宝焼。

名古屋扇子 ➡P.127
なごやせんす
江戸時代に京都から伝わった技法が定着。京扇子に比べて親しみやすいのが特徴。

名古屋黒紋付染 ➡P.127
なごやくろもんつきぞめ
藩の旗や幟の技術から生み出された、艶と発色の良い黒が特徴とされる。

つげ櫛 ➡P.127
つげくし
髪を傷めず、抗菌作用があり、使うほどに、手にも髪にもなじむスグレもの。

愛知県庁本庁舎
あいちけんちょうほんちょうしゃ

昭和13年（1938）竣工。国威発揚の風潮が強い戦時下、頂部に城郭風の屋根をのせた帝冠様式という伝統建築を反映させた設計が特徴的。

名古屋城周辺
MAP 付録P.5 D-4
所中区三の丸3-1-2
交地下鉄・名古屋城駅から徒歩1分

↻陶磁器の産地であることから花崗岩や黄褐色のタイルが外壁に用いられた

街に残る大正、昭和の近代建築
歴史と技術に思いを馳せる

レトロ建築探訪

日本近代化の歴史を今に伝える壮麗な建造物が多く残る名古屋市中心部。名古屋城周辺は「文化のみち」とも呼ばれ、建築遺産の保存・活用が目立つ。

名古屋城　大曽根駅
名古屋市役所本庁舎
旧名古屋控訴院地方裁判所区裁判所庁舎
愛知県庁本庁舎
旧加藤商会ビル
旧三井銀行名古屋支店
名古屋駅
納屋橋　千種駅
鶴舞駅
松重閘門

旧加藤商会ビル
きゅうかとうしょうかいビル

貿易商の社屋として昭和6年（1931）頃に建造。外壁のレンガ調タイルやレリーフ模様などが近代建築の特徴を残している。

伏見
MAP 付録P.9 F-4
所中区錦1-15-17
交地下鉄・伏見駅から徒歩5分
▶現在はギャラリーやサイアムガーデン（P.53）が入る

↻シャム国（現タイ王国）の領事館が置かれた時期も

↻頂部に四方睨みの鯱を配する。愛知県庁本庁舎の建造に影響を与えた

名古屋市役所本庁舎
なごやしやくしょほんちょうしゃ

愛知県庁本庁舎と同様、昭和天皇の即位御大典の記念事業として昭和8年（1933）に竣工。近代建築の頂部に名古屋城を意識した屋根を造形。

名古屋城周辺
MAP 付録P.5 D-4
所中区三の丸3-1
交地下鉄・名古屋城駅から徒歩1分

松重閘門
まつしげこうもん

かつて「東洋一の大運河」と呼ばれた中川運河と水位の異なる堀川を結ぶ閘門として昭和7年(1932)に供用。「水上の貴婦人」と称され、夜間はライトアップされる。

山王 **MAP** 付録P.2 C-2
所中川区山王1
交名鉄・山王駅から徒歩3分

↥装飾性の高い頭頂部は中世ヨーロッパの城郭を思わせる

↥大正時代の2代目の橋の意匠を受け継ぐ

納屋橋
なやばし

江戸時代の堀川掘削で造られた堀川七橋(P.52)のひとつ。大正2年(1913)に改築され、中央部にテラスを持つ青銅鋳鉄の欄干が特徴のアーチ橋。

伏見 **MAP** 付録P.9 F-4
所中区錦1
交地下鉄・伏見駅から徒歩6分

旧三井銀行名古屋支店
きゅうみついぎんこうなごやしてん

昭和10年(1935)竣工。中央にある6本の円柱はイオニア式と呼ばれる建築様式で、古代ギリシャの優美で豪壮な趣を醸し出す。

伏見 **MAP** 付録P.10 B-4
所中区錦2-18-24
交地下鉄・伏見駅から徒歩1分
▶現在は三井住友銀行名古屋支店

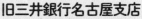
↥現役の銀行店舗として今も使用されている

旧名古屋控訴院
地方裁判所区裁判所庁舎
きゅうなごやこうそいんちほうさいばんしょくさいばんしょちょうしゃ

戦前に建設された8カ所の控訴院庁舎のうち、現存する最古の庁舎で、大正11年(1922)に創建。レンガ壁と白い花崗岩の対比が美しいネオ・バロック様式が基調。

白壁 **MAP** 付録P.5 E-4
所東区白壁1-3
交地下鉄・名古屋城駅から徒歩8分
▶現在は名古屋市市政資料館(P.68)

↥正面玄関入ってすぐの中央階段室が見どころ

名古屋 歴史年表

西暦	元号	事項
2世紀		日本武尊が能褒野で薨去。熱田に草薙神剣を祀り**熱田神宮** P.76の創建につながる
5世紀		朝鮮半島から須恵器が伝来。猿投山の西南麓に古窯跡群が形成
6世紀		**断夫山古墳** P.77、**白鳥古墳** P.77築造
701	大宝 元	大宝律令施行。尾張・三河に国郡制施行
741	天平 13	国分寺建立の詔
884	元慶 8	尾張国分寺が焼失
988	永延 2	郡司・百姓らが尾張国司・藤原元命の悪政を訴える
1004	寛弘 元	尾張守大江匡衛が熱田神宮に大般若経を奉納する
1159	平治 元	平治の乱に勝利した平清盛の弟・頼盛が尾張守に就任
1221	承久 3	承久の乱。木曽川を挟んで京方と鎌倉方が合戦。尾張・三河の勢力は京方につくが鎌倉方が勝利
1467	応仁 元	応仁の乱
1555	弘治 元	織田信長が清須城に入る
1560	永禄 3	桶狭間の戦い(**桶狭間古戦場公園** P.81)で信長が今川義元を倒す。信長、熱田神宮に土塀を奉納
1575	天正 3	長篠の戦いで織田・徳川軍が武田勝頼軍に勝利する
1582	10	本能寺の変で信長が明智光秀に襲撃され寺に火を放ち自害
1584	12	小牧・長久手の戦いで秀吉と家康・織田信雄が戦い、和睦する
1590	18	豊臣秀吉が織田信雄に転封の命令を出すが信雄は拒否し追放される
1600	慶長 5	関ヶ原の戦いで徳川家康が勝利。尾張、三河に一族の譜代大名を配置する
1603	8	家康が征夷大将軍就任。江戸開府
1607	12	家康の第九子、徳川義直が尾張藩主となる
1608	13	尾張藩により**有松** P.80が築かれる
1609	14	家康が名古屋遷府を発令
1610	15	**名古屋城** P.60築城に着手。清須から名古屋への移動(**清須越** P.88)が始まる
1616	元和 2	名古屋城に義直が居住する
1684	貞享 元	名古屋城下町の人口が5万4118人、家数5986軒となる
1730	享保 15	尾張藩の7代藩主に徳川宗春が就任

西暦	元号	事項
1731	16	徳川宗春が『温知政要』を著す。宗春、遊郭設置を許可
1739	元文 4	宗春、将軍徳川吉宗に隠居謹慎を命じられる
1844	天保 15	『尾張名所図会』刊行
1858	安政 5	日米修好通商条約調印。尾張17代藩主・徳川慶勝がこれを不可とし、井伊直弼らに謹慎を命じられる
1864	元治 元	慶勝が征長総督に就任
1867	慶応 3	大政奉還、王政復古の大号令
1869	明治 2	尾張藩を名古屋藩と改称
1871	4	尾張に2県、三河に10県を設置
1872	5	名古屋県を愛知県と改称、額田県が統合され愛知県が成立
1873	6	名古屋城の金鯱(雌)がウィーンの万国大博覧会に出展
1889	22	東海道線(新橋〜神戸間)が開通
1890	23	豊田佐吉が人力織機を発明。大正13年(1924)には自動織機を開発
1893	26	熱田神宮の本宮を神明造に改修
1898	31	名古屋電灯(笹島〜県庁前間)開通
1904	37	日露戦争勃発。東京砲兵工廠熱田兵器製造所が開業。**日泰寺** P.73建立。ノリタケの前身となる日本陶器合名会社創立
1907	40	**名古屋港** P.82開港
1909	42	**鶴舞公園** P.84開園
1914	大正 3	第一次世界大戦勃発
1927	昭和 2	名古屋電鉄(神宮前〜豊橋間)全通
1933	8	豊田喜一郎が自動車事業を開始
1934	9	名古屋市の人口100万人突破
1935	10	**徳川美術館** P.67開館
1941	16	第二次世界大戦勃発
1945	20	空襲で名古屋城が炎上
1954	29	**名古屋テレビ塔**(現:中部電力MIRAITOWER) P.49完成
1957	32	名古屋地下鉄(名古屋〜栄間)開通
1959	34	伊勢湾台風襲来。名古屋城天守閣再建
1965	40	**博物館 明治村** P.145開園
1969	44	名古屋市の人口200万人突破
1994	平成 6	**トヨタ産業技術記念館** P.38開館
2001	13	**ノリタケの森** P.39オープン
2005	17	**中部国際空港セントレア** P.150開業。愛・地球博(**愛・地球博記念公園** P.85)開催
2010	22	あいちトリエンナーレ2010開催

歩く・観る●歴史

食べる

❖

大都市でしのぎを削る
料理人の技が光る。
食卓を華麗に彩る洗練を極めた一皿。
土地の風土と人々の営みに培われた
独自の食文化もある。
地元で愛されてやまない味わいを
五感で楽しみたい。

歴史と文化が
育んだ
多彩な料理の
奥深い世界へ

一流シェフの感性が光るフレンチを五感で味わう
テーブルを彩る美食の劇場

選りすぐりの食材と腕を磨き続ける料理人の思いが生む華やかなメニューの数々。
食事を楽しむための趣向を凝らしたインテリアやサービス、大人の美食旅にふさわしい名店へご案内。

食べる●

愛知県の特産でもあるウナギを使った「鰻の白焼き 秋ナス 牛蒡 肝」。(イメージ)
料理はランチ、ディナーともにコースのみ

余韻を残し記憶に残る味を創出
訪れた日が記念日になる

Reminiscence
レミニセンス
千種 **MAP** 付録P.2 C-1

2015年に開業以来、国内フレンチの屈指の名店として名を馳せ、2023年に現在地に移転。コンセプトは「余韻と記憶」。オーナーシェフは、この店で過ごした時間が人生の思い出になってほしいとの思いを空間と料理に込めている。

☎052-228-8337
🏠東区筒井3-18-3 ⏰ランチ12:00(LO)、ディナー18:00～18:30(LO) 休不定休 🚇地下鉄・車道駅から徒歩4分／千種駅から徒歩7分 Ｐなし

↑白を基調にした店内は透明感にあふれる

予約	要
予算	Ⓛ1万6000円～ Ⓓ1万9800円～

おすすめメニュー

おまかせコース(ランチ)
1万6000円～

おまかせコース(ディナー)
1万9800円～

↑「蝦夷シカ 秋」。器はすべて特注の有田焼などが使われている(イメージ)

↑デザートの「桃 メレンゲ ルイボスティー」。透明感ある一品(イメージ)

※Reminiscenceの料理写真は移転前のものです。最新情報・詳細は https://reminiscence0723.com

空間、カトラリー、料理
店内のすべてに贅沢が宿る

Shinji Koga
シンジ コガ
伏見 **MAP** 付録P.10 C-4

フランスの名店やパティスリーで修業した
オーナーシェフが仕上げるフレンチは驚き
がある独創性が魅力。スワロフスキーのシ
ャンデリアが輝く空間で、フランスのシル
バーウエアを使って贅沢にいただきたい。

☎052-265-7705
所中区栄2-4-18 営12:00〜15:00(LO13:30)
18:30〜23:00(LO20:30) 休月曜
交地下鉄・伏見駅から徒歩5分 Pなし

おすすめメニュー
ランチコース 6655円〜
ディナーコース 1万3310円〜

予約 要
予算 L6655円〜
D1万3310円〜

↑北海道産 ウニのラザニアと
ベシャメールのエスプーマ

↑オマール海老のポワレとジロール茸 ヴィシソワーズのグラス。
古賀シェフ独特の感性で仕上げられた逸品

↑エリザベス女王の肖像画も手がけたTYLEK氏の絵画にも注目

↑岡谷鋼機ビルの1階北東にある、隠れ家のような入口

テーブルを彩る美食の劇場

99

↑街の眺望を楽しみながら優雅なひとときを

トスカーナ地方の伝統料理に
アレンジを加えた美食

ENOTECA PINCHIORRI
エノテカ ピンキオーリ
名古屋駅周辺 **MAP** 付録P.9 D-3

伝統とシェフの創作が融合し、素材の旨みを大切にした見た目も鮮やかな料理が満喫できる。旬の季節にしか味わえない素材を日本とヨーロッパから厳選して提供。至福の味を絶景とともに楽しみたい。

☎052-527-8831
🏠中村区名駅4-7-1ミッドランドスクエア42F
🕐11:00～15:00(L013:30) 17:30～22:00(L020:30)
🈳無休 🚃各線・名古屋駅から徒歩4分
🅿ミッドランドスクエア駐車場利用

↑三重の夏鹿ロース肉のソテーとも も肉のポルペッティーナカボチャとほ おずきの甘みを添えて9500円

おすすめメニュー
ランチコース 6050円
ディナーコース 1万9360円

予約 要
予算 L6050円～
D1万9360円～

↑ポレンタを詰めたアニョロッティ 毛ガニとオリーブのタイム風味(左)。チョコレートのムース、タイムのジェラート、ヘーゼルナッツのクロッカンテ 2170円(右)

食べる●

王道と斬新が融合する最高峰のイタリアンを堪能

記念日に特別なリストランテ

**イタリア料理といっても、地方によって特徴は多岐にわたり、ひとつひとつの料理にその文化を映す。
本場さながらの雰囲気と、鮮やかに進化を遂げる料理が味わえる名店が温かく出迎えてくれる。**

五感に訴える美しく
洗練されたイタリアン

予約 要
予算 L6000円～
D1万円～

アロマフレスカ 名古屋
アロマフレスカ なごや
栄 **MAP** 付録P.13 D-1

静かな空間で香りを生かした料理を堪能できる。厳選した食材を使い、ていねいに作られた彩り豊かな一皿は記念日など特別な日にも最適。ゲストのさまざまな要望にも応えてくれるうれしい心遣いも。

☎052-264-3688
🏠中区栄3-16-1松坂屋本館10F 🕐11:00～15:00(L014:00) 17:00～21:00(L019:45)
🈳松坂屋に準ずる 🚃地下鉄・矢場町駅直結
🅿松坂屋 名古屋店の契約駐車場利用

↱昼はテレビ塔、夜は街の夜景とともに食事ができる

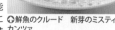
↑鮮魚のクルード 新芽のミスティ カンツァ

↑赤座エビと「タリアテッレ」 海 老と蟹の濃厚なビスクソース

↑モッツァレラをのせた仔牛ロースのピッツァイオーラ フルーツトマトのソテーとフルーツトマトのソース

おすすめメニュー
シェフおすすめコース
1万3000円
ランチコース 6500円

確かな食材から生み出される
極上の皿の数々を味わう

Casa dell'amante

カーザ デッラマンテ
栄 **MAP** 付録P.12 B-1

2019年に白川公園前の静かなロケーションに移転オープンした隠れ家的イタリアンレストラン。シェフ自ら厳選した素材を使った極上の料理をソムリエが選んだワインとともに堪能したい。

☎052-218-2508
🏠中区栄2-12-22ウインコート白川1F ⏰11:30～12:30(L.O) 18:00～20:30(L.O) 📅日曜・不定休
🚇地下鉄・伏見駅から徒歩5分 🅿なし

⤴じっくり香ばしく仕上げた国産黒毛和牛のロースト

⤴前菜の魚介のタルタル

予約	要
予算	Ⓛ6600円～ Ⓓ1万6500円～

おすすめメニュー
Pranzo(ランチコース)C 6600円／Cena(ディナーコース)C 1万6500円

⤴2つの個室(4名対応)を完備(要個室料金)

⤴シックで落ち着いた雰囲気の店内でゆっくりと食事ができる

⤴手長エビのスパゲッティ。鮮魚はシェフが毎日市場で直接仕入れている

※コース料理はシェフのおまかせのため、写真と異なる場合があります

記念日に特別なリストランテ

シチリアで学んだ本場の味を
シェフの感性でアレンジ

cucina siciliana siculamente

クチーナ シチリアーナ シクラメンテ
大須周辺 **MAP** 付録P.13 E-3

現地で修業を積んだオーナーシェフ兼ソムリエによるシチリア料理店。斬新で驚きに満ちているが、素材の旨みをしっかり引き出した味わいに定評がある。家庭的な温かい雰囲気でリピーターも多い。

☎052-252-5090
🏠中区千代田2-3-6 ⏰11:30～15:00(L.O12:45) 18:00～23:00(L.O19:30) 📅水曜、月1回連休あり 🚇地下鉄・上前津駅から徒歩9分 🅿なし

⤴右は前菜の一例で、伊勢マグロに甘酸っぱいアグロドルチェソースをのせ、オレガノとウイキョウのソースで。左はカンノーリにサボテンのジェラートとモディカチョコを合わせたデザート

予約	要(ネット予約)
予算	Ⓛ5500円～ Ⓓ8800円～ ※ディナーのみ 席料550円別

⤴店先に掲げられたシチリア自治州の州旗とイタリアの国旗が目印

おすすめメニュー
ランチコース 5500円～
ディナーコース 8800円～

⤴シチリア島の小物や書籍がたくさん飾られている店内。来店を契機にシチリア島へ出かけた常連客もいる

101

↑昭和天皇、香淳皇后の宿泊所として茶室・数寄屋建築の巨匠・堀口捨己(ほりぐちすてみ)博士により設計された御幸の間。秋には紅葉に包まれる

格式高い料亭の懐石料理

四季を映す
華やかな味と器

街の歴史とも深い関わりを持つ名古屋屈指の3軒の料亭。
繊細で上品な料理と温かなおもてなしに洗練の極みを知る。

北大路魯山人ゆかりの店
広大な庭園に心を癒やす

八勝館
はっしょうかん

八事 **MAP** 付録P.3 D-2

大正時代に材木商の別荘を改装し、料理旅館を営んだのが八勝館の始まり。北大路魯山人ゆかりの料理としても知られ、国の重要文化財に登録されている。約4000坪もある庭園は、どの部屋からでも眺めることができる。

↑大小12の部屋はすべて庭に面しており、四季折々の表情を楽しむことができる

↑「ある秋の椀盛(帆立萩真蒸/松茸/いんげん/松葉柚子)」

↑「ある秋の焼物(焙烙焼/甘鯛/車海老/松茸/百合根/銀杏)」

おすすめメニュー
昼懐石 3万円～
夜懐石 3万5000円～

☎052-831-1585
所昭和区広路町石坂29
営12:00～15:00　18:00～21:00
休水曜　交地下鉄・八事駅から徒歩3分
Ｐあり

予約 要
予算 Ⓛ2万5000円～
　　 Ⓓ3万～

高級住宅街「白壁」に立地
長年定評ある懐石を満喫

か茂免
かもめ

白壁 **MAP** 付録P.6A-3

古くは尾張藩の中級武士の屋敷が並
び、現在でも高級住宅が並ぶ白壁町。
その地に約1000坪もの敷地を有す
る昭和3年(1928)創業の格式高い料
亭。訪れた文人墨客から「味のか茂
免」と慕われ料理には定評あり。

☎052-931-8506
所東区白壁4-85 営11:30〜15:00 17:
30〜22:00 休不定休 交地下鉄・名古屋
城駅から徒歩15分 Pあり

↑春は若鮎、夏は鱧、秋は松茸など旬の食材にこだわる

おすすめメニュー

白壁会席(平日昼限定)
1万6500円
すっぽん会席 2万9095円

↑個室「春日野」。大きな2面ガラス窓から
は日本庭園が一望できる

↑焼鮎魚女と口
子(くちこ)を利尻
昆布とカツオ節
のだしと一緒に
(椀物一例)

↩重厚な趣があ
る玄関を通り、案
内され待合室へ。
お茶とお菓子で
ゆったり一服

予約 要
予算
Ⓛ1万6500円〜
Ⓓ2万9095円〜

↑市街地にあることを忘れてしまうほどの閑静な空間。大小10部屋があり2〜80名まで対応可。すべての部屋から自然美豊かな庭園が望める

四季を映す華やかな味と器

103

口中に広がる中国、台湾の伝統

すべて本格派
点心、宮廷料理

脈々と受け継がれる食文化を伝える3軒をご紹介。
華やかな一流の料理とおもてなしを堪能したい。

↑大小合わせて10室の個室あり(左)。北京ダックやフカヒレ煮込みなど王道のメニューも揃う(右)

本格的な中国料理を
じっくり堪能できる

予約	可
予算	Ⓛ6000円〜 Ⓓ1万6000円〜

中国料理「梨杏」
ちゅうごくりょうり「りんか」

名古屋駅周辺 **MAP** 付録P.8 C-3

名古屋駅直結の名古屋マリオットアソシアホテル(P.136)の18階にある中国料理店。素材の味を最大限に生かすために手間ひまを惜しまず、一品一品真心を込めてていねいに仕上げる。美しい眺望も魅力。

☎052-584-1103
所中村区名駅1-1-4名古屋マリオットアソシアホテル18F 営11:30〜15:00(LO14:00) 17:30(土・日曜、祝日17:00)〜22:00(LO20:30)
休無休 交各線・名古屋駅からすぐ
Ｐタワーズ一般駐車場利用

↑みずみずしく洗練された透明感と華やかさのある店内

おすすめメニュー
ランチコース 5000円〜 ディナーコース 1万3000円〜※内容、金額は時期により変動あり

↑広東料理をベースに、上海をはじめ中国各地の名菜、季節の食材を使用したコースが用意される(写真は飲茶ランチ一例)

食べる

絶品小籠包に舌鼓
点心がおいしい台湾料理店

鼎泰豐 名古屋店
ディンタイフォン なごやてん

名古屋駅周辺 **MAP** 付録P.8 C-3

台北に本店を持つ点心料理の専門店。看板メニューである薄皮の小籠包は、たっぷりのスープと肉汁がジュワッと飛び出し、一度食べたらクセになる味。中の具材もカニ、ホタテ、トリュフなどさまざま。

☎052-533-6030
🏠中村区名駅1-1-4 JRセントラルタワーズ12F ⏰11:00~23:00(LO22:00) 🈚休 🚇各線・名古屋駅直結
🅿タワーズ一般駐車場利用

↑上品であっさりとしたやさしい味のえび入りチャーハン1280円

↑鼎泰豐の原点である小籠包。アツアツのあふれるスープがたまらない一品。美味しさの追求のため作り置きは一切しない

↑本店はニューヨーク・タイムズ紙の世界の10大レストランにも選ばれた

↑野菜と豚肉入り蒸し餃子など、自慢の点心は幅広い層に人気(左)。すっきりと落ち着いたデザインの店内は全122席(右)

おすすめメニュー
小籠包各種(4個) 680円~
野菜と豚肉入り蒸し餃子(4個) 860円

中国料理の頂点といわれる
「北京宮廷料理」の名店

涵梅舫
かんめいほう

名古屋駅周辺 **MAP** 付録P.9 D-4

中国で最高峰の調理資格を有する料理人が仕上げた上品で繊細な宮廷料理が旅行の思い出に華を添える。コース料理のほか、前菜や点心などのアラカルトメニューも充実している。

☎052-582-2235
🏠中村区名駅1-2-4 名鉄グランドホテル18F ⏰11:30~14:00 17:00~21:30(LO21:00) 🈚無休 🚇各線・名古屋駅から徒歩5分
🅿名鉄スカイパーキング利用

おすすめメニュー
菊細工豆腐とフカヒレ入り澄ましスープ(1人前) 2200円
宮廷風フカヒレ姿煮込み(50g) 3850円

↑菊細工豆腐とフカヒレ入り澄ましスープ(左)。宮廷風フカヒレ姿煮込み(右)はコラーゲンたっぷり

↑個室の牡丹・梅の間(8~40人の場合利用可、要予約)からは、名駅界隈の夜景を眺められる

↑名鉄グランドホテルで最高峰の中国料理が味わえる

創業以来注ぎ足す秘伝のタレ
名古屋ひつまぶしの代表格

あつた蓬莱軒 本店
あつたほうらいけん ほんてん

熱田 **MAP** 付録P.17 E-3

ひつまぶしの登録商標を持ち、全国にその名を轟かす名店。熟練の職人が炭火で最高の食感になるよう香ばしく焼き上げ、秘伝のタレで仕上げる。その味を求める遠方からの来客も多い。

☎052-671-8686
所熱田区神戸町503 営11:30〜14:00(LO) 16:30〜20:30(LO) 休水曜、第2・4木曜(祝日の場合は営業) 交地下鉄・熱田神宮伝馬町駅から徒歩7分 Pあり

↑肝のほのかな苦みとタレの旨みが絶妙な「肝焼」650円

↑刻んだウナギの入ったふわふわの食感の「うまき」1050円

↑趣のあるテーブル席以外に美しい料亭のような和室もある

↑趣のある建物は148年の歴史を感じさせる

ひつまぶし 4600円
炭火で焼かれたウナギと旨みを凝縮した秘伝のタレが絡む。締めの一杯はカツオだしのお茶漬けで

予約 可※コース料理のみ
予算 3000円〜

ウナギのおいしさを追求した歴史を味わう
伝統のひつまぶし

江戸時代から庶民に親しまれてきた、名古屋の伝統食・ひつまぶし。
熟練の焼き技と香ばしい秘伝のタレが、おいしさをいっそう引き立てる。

「ひつまぶし」のこと

ウナギの蒲焼を細かく刻んで、お櫃に入ったご飯の上にのせたもの。そのまま、薬味をのせて、お茶漬けでと3種類の食べ方を楽しむことができる。

江戸時代後期に創業した
妥協をゆるさない老舗

鰻 木屋
うなぎ きや

白壁 **MAP** 付録P.5 E-4

厳選した国産ウナギは井戸水で臭みを抜き、強火の備長炭で焼き上げる。知多産のたまり醤油を用いた秘伝のタレは創業以来注ぎ足し、好評のご飯はブランド米を釜炊きするなどていねいに仕上げる。

☎052-951-8781
所東区東外堀町11 営11:00〜13:30 休日曜、祝日 交地下鉄・名古屋城駅から徒歩5分 Pあり

↑テーブル席、座敷、個室で思う存分ウナギを味わいたい

↑名古屋城近くにあるので観光ついでの立ち寄りも

↑パリパリふわわ食感も楽しめる「うざく」950円

予約 望ましい
予算 2900円〜

特選ひつまぶし 5300円
ウナギを1匹使い、皮はカリッと、身はふわふわになるよう備長炭でじっくり焼き上げる

最高級といわれる
青ウナギを使用

| 予約 | 可 |
| 予算 | 4540円〜 |

炭焼 うな富士
すみやきうなふじ

鶴舞 **MAP** 付録P.2 C-2

コクがあり、あっさりとしたタレ
で焼き上げる。身はふっくらとや
わらかで、香ばしい皮はパリッと
ジューシー。本当のウナギの味わ
いが楽しめる。

☎052-881-0067
🏠昭和区白金1-1-4 プレゼント白金1F
🕐11:00〜14:00 17:00〜21:00(LO20:
00)　🈺不定休
🚃各線・鶴舞駅から徒歩10分　🅿あり

⬆アットホームな雰囲気のお店なので女
性のおひとりさまも多い

上ひつまぶし
5170円
タレの味と焼き方が絶
妙で、ボリューム満点
でも最後までおいしく
食べられる

➡木のぬくもりある店
内は、連日たくさんの
客で賑わう(左)。ウナ
ギ本来の味がよくわか
る「白焼き」4000円(右)

伝統のひつまぶし

信念を持って丹念に作り続ける
ウナギ専門店ならではの味

| 予約 | 団体可 |
| 予算 | 2810円〜 |

いば昇
いばしょう

栄 **MAP** 付録P.10 C-3

ひつまぶし発祥店のひとつに数え
られる専門店。風味豊かで甘さ控
えめのタレは、炭火でじっくり焼
き上げられたウナギの旨みを引き
立てる。常連客のほか、評判を聞
きつけ訪れる客が後を絶たない。

☎052-951-1166
🏠中区錦3-13-22
🕐11:00〜14:30(LO) 16:00〜20:00(LO)
🈺日曜、第2・3月曜
🚃地下鉄・栄駅から徒歩3分　🅿なし

⬆築60年以上経つ歴史を感じる
ゆったりと落ち着いた店内

ひつまぶし(吸い物付)
4000円
香ばしく焼かれたウナギに
タレがしっかり染み込む。
煎茶でいただくお茶漬けは
「いば昇」ならでは

⬆現在は6代目が守る。親子3代にわたり
通う常連さんも

⬆ウナギが4切れのったうな丼(並/
吸い物付)3060円

107

多彩な美味 地鶏料理

日本屈指のブランド鶏 名古屋コーチンを食す

食感や旨みをストレートに伝える調理に、食材の良さを引き立てる調理など、味わい方が豊富な名古屋コーチンをいただくならこの4軒がおすすめ。

食べる●なごやめし

名古屋コーチン料理の
代名詞的な老舗

鳥銀 本店
とりぎん ほんてん

予約	望ましい
予算	5000円～

栄 **MAP** 付録P.11 D-3

創業以来純系の名古屋コーチンのみを使用。鳥銀がつくり広めた看板料理の「名古屋コーチン鍋」をはじめ、朝引きの極上名古屋コーチンだからできる「刺身五種盛」など多彩なメニューが揃う。一流芸能人も多数来店で知られる。

☎052-973-3000
🏠中区錦3-14-22 宮木ビル1F ⏰17:00～22:30(金・土曜・祝日前は～23:30) 休無休 🚇地下鉄・栄駅から徒歩2分 🅿なし

↑鶏の本場、名古屋で創業約50年

↑串焼き(2本)を各コースに650円(税別)で追加可能

↑手羽先唐揚(2本)を各コースに760円(税別)で追加可能

↑個室も2～40人まで予約可

「月」コース
5800円(税別)

名古屋コーチンを金額面でも満足できるようにと予約コースは5800円(税別)から用意

↑看板料理の「名古屋コーチン鍋」と自慢の「朝引きの名古屋コーチン刺身盛合せ」。コーチン鍋は1500円(税別)でコースに追加できる

卸直営ならではの新鮮な
朝挽きコーチンを堪能

名古屋コーチン 鳥しげ
なごやコーチン とりしげ

栄 **MAP** 付録P.10 C-3

肉汁あふれるコーチンもも一枚焼きや、注文が入ってから串に刺して焼くコーチン炭火焼など、コーチンのおいしさを感じるメニューが揃う。カウンター越しに見えるさばく様子や調理風景も圧巻。

☎052-972-1331
🏠中区錦3-18-21 東京第一ホテル錦1F ⏰11:30～14:30(LO14:00) 17:00～22:00(フードLO21:00) 休日曜・祝日 🚇地下鉄・栄駅から徒歩3分 🅿なし

↑外はカリッと中はジューシーな「手羽先唐揚」(上)。「月見つくね」は濃厚なコクのある卵と絡めていただく(下)

名古屋コーチン
もも一枚焼き
2300円～

新鮮なさばきたてのもも一枚を使用。カウンターで焼き上げたおいしさがよくわかる一品

予約	要
予算	L1000円～
	D6000円～

108

日本料理の職人による
旨みを凝縮した鶏を堪能

一鳳
いちおう

金山 **MAP** 付録P.16 C-2

朝挽きの純系名古屋コーチンのみを使用し、塩、炭なども丹念に厳選。職人の手によって生み出される上質な料理を味わえる。もも肉だけを使用し、よりおいしさを引き立てた鍋や親子丼もおすすめ。

☎052-684-1002
🏠熱田区金山町2-2-1 🕐11:30～14:30
(LO14:00) 17:00～22:30(LO22:00)
❌不定休 🚉各線・金山駅から徒歩3分
🅿️あり(提携駐車場利用、2時間無料)

↑大小さまざまな個室は、少人数から大人数まで利用可能

↑築約70年の数寄屋造りの風情ある建物は宮大工の手によるもの

↑某テレビ番組で、東海料理人が選ぶおいしい手羽先唐揚げに選出

水炊き鍋 3500円
名古屋コーチンの旨みがたっぷり染み出た、コラーゲンが豊富な水炊き鍋。写真は2人前

予約	望ましい
予算	L 2000円～
	D 7000円～

↑名古屋コーチンならではの旨みが味わえる名物「極上親子丼」1800円

四季折々の素材を使った
こだわりの郷土料理

とり要
とりよう

丸の内 **MAP** 付録P.11 D-1

熟練の料理人が腕をふるう伝統料理が評判の老舗料亭。コースで味わえる「鍬焼き」は、タレに漬け込んで焼いた名古屋コーチンの旨みがダイレクトに伝わる逸品。個室で時間を忘れて味わいたい。

☎052-971-1697
🏠中区丸の内3-7-39 🕐11:30～14:00
(LO13:00) 17:00～22:00(LO20:30)
❌不定休 🚉地下鉄・久屋大通駅から徒歩5分 🅿️なし

予約	要
予算	L 3850円～
	D 1万円～

名古屋コーチン「料理」
会席コース 7590円
名古屋コーチンの「鍬焼き」など、とり要自慢の名物料理を組み合わせたコース

↑時代感のある屏風や化粧箪笥が飾られたテーブル席の個室

↑昭和初期の面影を残す建物は、都心にあるとは思えない静けさ

↑庭を眺めることができる掘りごたつの座敷

抜群の喉ごし きしめん

駅の構内にも店舗があるなど、手軽に食べられるなごやめしの代表格。
さまざまなトッピングを試して、食べ比べをしてみるのもおもしろい。

伝統ある製麺所から直送
素材の旨みが生きた一杯

吉田きしめん エスカ店

よしだきしめん エスカてん

名古屋駅周辺 **MAP** 付録P.8 B-3

約130年の歴史ある老舗製麺所の直営店。最高級の小麦粉・水・塩のみで作られる麺とムロアジやカツオなど4種からとった、化学調味料を使用しない無添加のつゆもおいしさの秘訣。定食や膳が人気。

☎052-452-2875
㊟中村区椿町7-6-9 エスカ地下街 ⌚11:00～15:00、17:00～20:00（金曜は～20:30、土・日曜は～21:00） ㊡エスカに準ずる ㉍各線・名古屋駅直結 ㋐エスカ駐車場利用

予約	不可
予算	700円～

きしめん 850円
毎日製麺所から届くもっちりとした平打ち麺と、たまり醤油で仕上げたコクのあるつゆが特徴

↻名古屋駅すぐの地下街エスカ（P.33）にあるため利便性も良い

↻大きなえび天2本と野菜の天ぷらを大根おろしとともにさっぱり食べられる「えびおろし」1350円

駅ナカで味わう名古屋の味
本格的なきしめんが楽しめる

驛釜きしめん

えきかまきしめん

名古屋駅 **MAP** 付録P.8 C-3

国産小麦粉100％の生麺を使用したきしめんが特徴。店内の大釜で茹でているので、常にできたてを提供してくれるのがうれしい。おみやげ用きしめんの販売もあり、手みやげに喜ばれている。

☎052-569-0282
㊟中村区名駅1-1-4 JR名古屋駅名古屋中央通り ⌚7:00～22:00（LO21:30） ㊡無休 ㉍JR名古屋駅構内 ㋐なし

予約	不可
予算	700円～

きしめん 700円
醤油かえしと、国産昆布とカツオを贅沢に使っただしが、コシのある麺と相性抜群

↻朝7時から営業しているので、移動中に立ち寄ることもできる

↻JR名古屋駅中央コンコースの真ん中にあるため多くの人で賑わう

名古屋の食文化を凝縮した煮込み麺
豪快 味噌煮込みうどん

太い麺、鶏肉、長ネギなどを八丁味噌をブレンドした濃厚なだしで煮込む。
その風味や見た目は、濃い口が主流のなごやめしを象徴している。

創業当時から味と心を守る
アツアツの味噌煮込みうどん

山本屋本店 エスカ店
やまもとやほんてん エスカてん

名古屋駅周辺 **MAP** 付録P.8 B-3

味噌煮込みうどんの発祥店。独特な歯ごたえのある麺と赤味噌にカツオだしの効いたつゆはまろやかでやみつきになる。四季折々の限定メニューや一品料理もおすすめ。

☎052-452-1889
🏠中村区椿町6-9 エスカ地下街
🕙10:00～22:00（LO21:30）
🈺エスカに準ずる 🚉各線・名古屋駅直結
🅿エスカ駐車場利用

↪好立地のエスカ地下街にあり、専門の直売店もある

↪シンプルにおいしさが伝わる名古屋コーチンネギマ 1045円

味噌煮込みうどん
1518円
自家製麺とだしの旨みいっぱいの味噌つゆは好相性。具も多種のなかから選べる

| 予約 | 不可 |
| 予算 | 2000円～ |

味噌つゆとコシの強い麺が
一度食べたらクセになる

山本屋総本家 本家
やまもとやそうほんけ ほんけ

栄 **MAP** 付録P.12 C-1

大正14年（1925）から暖簾を守り続ける。歯ごたえのある堅めのうどん。八丁味と地元銘産の白味噌をこだわりの出汁で炊き込み、特製の出汁で深い味わいに。真っ黒な見た目の味噌おでんや牛すじも味わえる。

☎052-241-5617
🏠中区栄3-12-19 🕙11:00～16:00（LO15:30）
🈺火・水曜
🚉地下鉄・矢場町駅から徒歩7分 🅿なし

名古屋コーチン親子煮込みうどん
2178円
名古屋コーチンのかしわと卵が入った煮込みうどん。蓋を取り皿にして名古屋流で

↪豆味噌で煮込むおでん528円は名古屋ならではの味

↪テーブル席や座敷など、シーンに合わせた3フロアを完備

| 予約 | 可 |
| 予算 | 1200円～ |

すっきりしたスープと
細めの角打ちモチモチ麺が特徴

みそ煮込みの角丸
みそにこみのかどまる

栄 **MAP** 付録P.11 E-2

店主自ら打つ細めでほどよい噛みごたえの麺や、気温や湿度で調整された味噌の配合量が至高の一杯を生む老舗。麺のコシがしっかりわかるころきしめん（夏季限定）もおすすめ。

☎052-971-2068
🏠東区泉1-18-33
🕙11:00～15:00、17:00～19:00（土曜は～14:00）
🈺日曜、祝日、夜不定休
🚉地下鉄・久屋大通駅から徒歩5分 🅿なし

↪地元客も多く、ゆっくりと食事ができる居心地のよい店内

↪創業から90年以上にわたり、味を守り続けている

味噌煮込みうどん
940円
香り高い味噌と細めの手打ち麺。ホタテ貝柱入りや季節限定のカキ入りなどもある

| 予約 | 不可 |
| 予算 | 1000円～ |

一度は試してみたい名物の個性派グルメ
名古屋食をもっと楽しむ

八丁味噌やスパイシーな香辛料を使い、「濃い味」を好む
食文化がある名古屋。一度食べたらやみつきになること間違いなし。

「味噌」のこと

名古屋人の味覚の原点であり、なごやめしの濃口のベースになっている八丁味噌（豆味噌）。豆麹と塩だけで作られ、甘辛くコクがあり、ほのかな渋みが特徴。

台湾ラーメン
台南名物の担仔麺をもとにしたまかない食が起源。鶏ガラスープにひき肉とニラをトッピングした激辛ラーメン。

味噌カツ
最大の特徴はトンカツにたっぷりとかかる味噌ダレ。店ごとに趣向を凝らし、まったく違った味わいが楽しめる。

食べる ● なごやめし

どて煮
鍋のふちに八丁味噌の土手を作り、おでんを煮込んだことに由来。具は牛すじやモツ、大根。どて焼きとも呼ぶ。

味噌おでん
豆味噌ベースの煮汁を注ぎ足して作られる伝統料理。真っ黒な見た目に驚くが、適度な辛さと甘みが絶妙な味わい。

郷土の味が楽しめる有名店はこちら

味噌カツ

矢場とん 矢場町本店
やばとん やばちょうほんてん

大須 **MAP** 付録P.13 D-2

昭和22年(1947)創業。味噌カツの人気に火をつけた有名店。さらっとした豆味噌ダレが決め手。

☎052-252-8810　🏠中区大須3-6-18
🕐11:00～21:00　休無休
🚃地下鉄・矢場町駅から徒歩5分　🅿あり

味噌カツ **エビフライ**

すゞ家
すずや

大須 **MAP** 付録P.13 D-3

八丁味噌と干し柿で作る特製味噌カツダレ、エビフライは新鮮な三河湾産天然車エビを使用。

☎052-241-3752　🏠中区大須3-11-17
🕐11:00～15:00(LO14:30)
17:00～21:00(LO20:30)　休木曜
🚃地下鉄・上前津駅から徒歩5分　🅿なし

味噌おでん **どて煮**

當り屋
あたりや

覚王山周辺 **MAP** 付録P.14 A-2

屋台風の老舗居酒屋。創業以来注ぎ足し続けた八丁味噌ダレで作るどて焼きやおでんが名物。

☎052-761-7033　🏠千種区向陽1-12-29
🕐17:00～22:30(LO22:00)　休日曜、祝日(土曜が祝日の場合営業)　🚃地下鉄・池下駅から徒歩5分　🅿なし

味噌おでん **どて煮**

島正
しましょう

伏見 **MAP** 付録P.10 B-4

昭和24年(1949)に屋台として開業。仕込みに10日かけるどて焼きの大根はまろやかな味わい。

☎052-231-5977
🏠中区栄2-1-19
🕐17:00～22:00　休土・日曜、祝日
🚃地下鉄・伏見駅から徒歩5分　🅿なし

台湾ラーメン

味仙 今池本店
みせん いまいけほんてん

今池 **MAP** 付録P.2 C-1

昭和35年(1960)創業の本格中国台湾料理店。ピリ辛ミンチをベースにした台湾系グルメの元祖。

☎052-733-7670　🏠千種区今池1-12-10
🕐17:00～翌1:00(LO翌0:30)　休無休
🚃地下鉄・今池駅からすぐ　🅿4台

カレーうどん

本店 鯱乃家
ほんてん しゃちのや

名古屋城周辺 **MAP** 付録P.2 C-1

名古屋流カレーうどんの元祖ともいえる店。とろみのきいたカレーだしは極太麺との相性抜群。

☎052-915-8156　🏠北区田幡2-14-1　🕐11:00～14:00 17:30(日曜、祝日18:00)～21:00(なくなり次第閉店)　休木曜、第3月曜の夜(祝日の場合は営業)　🚃地下鉄・黒川駅から徒歩3分　🅿なし

手羽先
かつて手羽先は一般的に流通していなかった部位。創意工夫により全国的にも知られる名古屋名物にまで進化した。

カレーうどん
鶏ガラだしに数種類のスパイスを配合したとろみのあるスープ、極太麺、具材は豚肉、油あげ、長ネギが主流。

天むす
三重県津市の天ぷら店「千寿」のまかない食として誕生。冷めてもおいしく、お弁当やおみやげとしても人気。

エビフライ
1980年代、テレビ司会者の「エビフライ＝名古屋名物」発言に名古屋の飲食業界が注目し、名物に定着した説が有力。

あんかけスパゲッティ
赤ウインナーやピーマンなどの具材を太麺とともに炒め、野菜や牛肉、スパイスで煮込んだ濃厚ソースをかける。

鉄板スパゲッティ
熱した鉄板の上に濃厚ナポリタンスパゲッティと溶き卵を盛り付けたスタイル。最後までアツアツで食べることができる。

手羽先

風来坊 栄店
ふうらいぼう さかえてん
栄 **MAP** 付録P.11 F-4
手羽先唐揚げブームの先駆けとなった店。会長・大坪氏が考案した秘伝の甘辛ダレが決め手。
☎052-241-8016 **所**中区栄4-5-8 エアリビル1F **営**17:00～23:00(金・土曜15:00～0:15(LO23:15) **休**不定休 **交**地下鉄・栄駅から徒歩3分 **P**なし

手羽先

世界の山ちゃん 本店
せかいのやまちゃん ほんてん
栄 **MAP** 付録P.11 F-4
国内外80店舗以上を展開。「幻の手羽先」は辛さと風味が際立つ「幻のコショウ」がやみつきに。
☎052-242-1342 **所**中区栄4-9-6 **営**16:00～23:15(LO22:30) 土曜15:00～0:15(LO23:30)日曜、祝日15:00～23:15(LO22:30) **休**無休 **交**地下鉄・栄駅から徒歩5分 **P**なし

天むす

めいふつ天むす 千寿本店
めいふつてんむす せんじゅほんてん
大須 **MAP** 付録P.13 D-3
昭和55年(1980)、天むす発祥店「千寿」から暖簾分けして開業。12～14時はイートインも可能。
☎052-262-0466 **所**中区大須4-10-82 **営**8:30～18:00(なくなり次第閉店) **休**火・水曜 **交**地下鉄・上前津駅から徒歩3分 **P**なし

あんかけスパゲッティ

スパゲッティ・ハウス ヨコイ 住吉本店
スパゲッティ・ハウス ヨコイ すみよしほんてん
栄 **MAP** 付録P.10 C-4
ブラックペッパーの効いたピリッと濃厚なヨコイ式ミートソースを考案したあんかけスパの元祖。
☎052-241-5571 **所**中区栄3-10-11 サントウビル2F **営**11:00～15:00(LO14:30) 17:00～21:00(LO20:30) ※日・火曜、祝日はランチのみ **休**月曜 **交**地下鉄・栄駅から徒歩5分 **P**なし

鉄板スパゲッティ

喫茶ユキ
きっさユキ
車道 **MAP** 付録P.2 C-1
名古屋イタリアンの代表格、鉄板スパ発祥の店。鉄板に広がる半熟卵と麺が絶妙に絡みあう。
☎052-935-1653 **所**東区葵3-2-30 **営**10:30～15:00 **休**金・土曜 **交**地下鉄・車道駅から徒歩3分 **P**なし

エビフライ

まるは食堂 ラシック店
まるはしょくどう ラシックてん
栄 **MAP** 付録P.11 D-4
本店のある知多半島・豊浜から新鮮な魚介類を直送。エビフライは持ち帰りも可能。
☎052-259-6701 **所**中区栄3-6-1 ラシック8F **営**11:00～15:00(LO14:30) 17:00～22:00(LO21:00) 土・日曜、祝日、繁忙期11:00～23:00(LO22:00) **休**不定休 **交**地下鉄・栄駅から徒歩3分 **P**なし

食文化を支え、市民に親しまれる料理

100年愛される老舗の味

地元住民が足繁く通う名店を3軒ご紹介。年月を重ねても変わらぬ美味には、作り手の人柄が滲み出ている。

⤴小皿に盛られた料理、冷蔵庫に入った刺身など45種類とオーダーメニュー40種類。好きなものを自分で運ぶという学食スタイル

名古屋の酒通ならば
誰もが知っている居酒屋

大甚
だいじん

伏見 **MAP** 付録P.10A-4

明治40年（1907）創業の居酒屋。開店時間を迎えれば、連日すぐに多くの人でいっぱいになる。市場で仕入れた新鮮な食材を使った大皿小皿に盛られた料理をあてに、「賀茂鶴」の熱燗を堪能。

☎052-231-1909
⌂中区栄1-5-6　⏰15:45〜21:15
（LO21:00）、土曜〜20:15　休日曜、祝日　⛳地下鉄・伏見駅からすぐ
Ⓟなし

おすすめメニュー
ホルモン土手　800円〜
お刺身盛り合わせ　900円〜

⤴柳橋中央市場で仕入れた食材で作る料理

⤴御園座の近くにある大衆居酒屋の元祖。毎日通う常連客も多い

予約	可
予算	3000円〜

⤴熱燗を仕切る女将さんの姿もこの店の名物。賀茂鶴を特注樽詰めから次々に徳利に移し、湯せんで熱燗につけていく

予約 可
予算 L 1000円〜 D 9000円〜
※16時以降は別途サービス料10%

地元で愛され続ける
極上の和牛料理の名店

スギモト 本店
スギモトほんてん

栄 **MAP** 付録 P.10 C-4

長く和牛料理と精肉店として親しまれてきた同店の創業は、明治33年(1900)。松阪牛の竹内牧場をはじめ国内各地の牧場と契約し、極上のしゃぶしゃぶやすき焼を提供し続けている。

☎052-261-2065
所中区栄3-1-35 営11:30〜14:00 16:00〜22:00(L021:00) 休12月31日、1月1・2日 交地下鉄・栄駅から徒歩8分 Pイトマス駐車場利用

おすすめメニュー
お肉屋さんのビーフカレー(ランチ) 1000円
会席 2万円〜

↑黒毛和牛のヒレ肉をメインにした和牛会席。先付け、しのぎ、お椀など月替わりする8種類のメニューから構成された人気の会席料理(写真はイメージ)

↑松阪牛のしゃぶしゃぶは1万2500円〜。コースもあり

↑名古屋コーチンの卵で味わうすき焼1万円〜は看板料理

↑人気の高い個室は早めの予約(夜のみ)が必要

↑黒毛和牛しゃぶしゃぶは7200円〜とお値打ちに。鉄板ステーキなどもある

伝統の味を守り続ける
鶏料理とウナギ料理の店

宮鍵
みやかぎ

名古屋駅周辺 **MAP** 付録 P.9 F-4

朝挽きした三河赤鶏を使った親子丼やかしわ味噌すき、創業以来の秘伝のタレで焼き上げたウナギ料理が名古屋の味として親しまれる老舗。白炊きなどの鍋料理は、仲居さんが調理してくれるので安心。

☎052-541-0760
所中村区名駅南1-2-13 営11:30〜14:30(L014:00) 17:00〜21:40(L021:00) 休土曜、第4水曜、連休時不定休 交地下鉄・伏見駅から徒歩7分 P納屋橋パーキング／ビーズホテル第二駐車場利用

予約 可
予算 L 2000円〜 D 3000円〜

↑テーブル席、座敷、個室と合わせて全120席

おすすめメニュー
白炊き 4100円
ひつまぶし 4500円

↑明治32年(1899)創業の風格のあるたたずまいは、時の流れを感じさせる

↑脂がのったウナギをふっくらと焼き上げた「ひつまぶし」

↑つけ皿に大根おろしに酢と卵黄、最後に醤油を入れていただく、宮鍵名物「白炊き」。ネギなどの薬味もお好みで。写真は3人前

100年愛され続ける老舗の味

モーニングという食文化

喫茶店の競争が激しい名古屋では、お店によってサービスもさまざま。
早起きして、この街ならではの朝食をいただきに出かけたい。

喫茶店王国・名古屋の喫茶店文化を象徴するのが今や有名となった「モーニングサービス」。ドリンク1杯に頼んだ覚えのない料理が無料で付くのが一般的。

エビフライサンドが定番の
名古屋を代表する老舗カフェ

コンパル 大須本店

コンパル おおすほんてん

大須 **MAP** 付録P.12 C-3

昭和22年(1947)創業で名古屋市内に9店舗を展開する老舗喫茶店。「サンドイッチのコンパル」といわれるように多彩なサンドイッチがこの店の看板メニュー。自分で作るアイスコーヒーもコンパルならでは。

☎052-241-3883
🏠中区大須3-20-19
🕐8:00～21:00(LO20:45) 🈳無休
🚇地下鉄・上前津駅から徒歩4分 🅿なし

モーニングDATA
時間 8:00～11:00
料金 630円(コーヒー)
セット内容
モーニングはドリンク代に＋150円でハムエッグトーストが付く

1.布張りの椅子など昭和の懐かしい雰囲気をそのまま残す店内はいつも満員
2.アツアツのハムエッグトーストが付くモーニング。氷入りのグラスに熱いデミタスコーヒーを注いで作るアイスコーヒー
3.大須の象徴のひとつ織田信長の父・信秀の菩提寺の萬松寺のすぐ北側に構える店
4.エビフライが3本も入ったこの店の名物、エビフライサンド1100円

終日モーニングサービス
6種類のなかからチョイス

リヨン

名古屋駅周辺 **MAP** 付録P.9 D-4

一日中モーニングサービスを実施している名駅近くの名物喫茶店。フルーツプレスサンド付き、トースト＋ゆで卵＋カステラ付き(午後はカステラなし)など、ドリンク代だけのモーニングサービスが常時6種類。

☎052-551-3865
🏠中村区名駅南1-24-30 名古屋三井ビルディング本館別棟B1 🕐8:00～18:00
🈳無休 🚇各線・名古屋駅から徒歩5分
🅿なし

モーニングDATA
時間 8:00～18:00
料金 450円(コーヒー)
セット内容
22種類のドリンクのうち1品頼めば6種類のモーニングサービスから1品を選択可

1.スパイラルタワー方面から三井ビルディングをつなぐ地下道出口にある独立店舗
2.名古屋を感じさせるモーニングサービス「小倉あんプレスサンド」が定番
3.女性に人気のモーニングサービス「フルーツプレスサンド」。4種類揃うモーニングセット650円～もある

自家製ケーキが楽しめる
名古屋屈指の老舗喫茶

洋菓子・喫茶 ボンボン
ようがし・きっさ ボンボン

栄周辺 **MAP** 付録P.11 F-1

昭和24年(1949)創業の洋菓子店が
営むレトロな喫茶店。喫茶店でも
常時約30種類の自家製ケーキが堪
能できる。モーニングセットはド
リンク代＋100円だけでバタートー
ストとゆで卵が付いてくる。

☎052-931-0442
所東区泉2-1-22
営8:00〜21:00(LO 20:40) 休無休
交地下鉄・高岳駅から徒歩4分 Pあり

モーニングDATA
時間 8:00〜10:00(日曜、祝日は除く)
料金 360円＋100円(コーヒー)
セット内容
時間内にドリンクを注文すれば無料で
バタートーストとゆで卵をサービス

1. 洋菓子店を併設。店は広いが常時満席に近い
人気ぶり
2. モーニングセットにさらに＋100円でトース
トにぬるあずきか柚子ジャム、ミニサラダもし
くはヨーグルトを付けることができる
3. 名物ケーキのサバラン(左)やボンボン生ロー
ル(右)など自家製ケーキは330円〜(イートイン)

ペット同伴での来店も可能
選べて楽しい和風モーニング

白壁カフェ 花ごよみ
しらかべカフェ はなごよみ

白壁 **MAP** 付録P.6 B-3

懐石料理店を系列に持つので、お
にぎりと茶碗蒸しなど「日本の朝
食」をイメージした和風モーニング
がいただける。和の食材を使用し
た料理も人気で、一日を通して老
若男女問わず多くの人で賑わう。

☎052-931-2346
所東区主税町4-72 アーバニア主税町1F
営7:30〜22:00(LO21:30) 休無休
交地下鉄・高岳駅から徒歩12分 Pあり

1. 花チラシ1400円。ランチタイムはサラダ
付き。ご飯大盛り無料
2. テーブル席は席間がゆったり。雰囲気のよ
いテラス席もおすすめ
3. 主食はおにぎりやお茶漬けなど、3種のな
かから選択可能。その日の気分や体調に合わ
せて選びたい

モーニングDATA
時間 7:30〜10:00
料金 480円(コーヒー)
セット内容
おにぎり2種(ごま塩、ふりかけごは
ん)、サラダ、茶碗蒸し、ほうじ茶
※おにぎりのほか、トースト、お茶
漬け、おかゆ(5〜9月は冷やし茶漬
け)に変更可

甘美な**ナゴヤスイーツ**

小倉あんと多彩な味覚のマリアージュ

自由な発想に基づき、さまざまな食材と組み合わせた絶品メニューの数々。
やさしい味わいと濃厚な甘さを生かした、新しい食べ方を楽しみたい。

食べる●なごやめし

小倉あんトースト1375円
厚切りトーストにマスカルポーネチーズと特製小倉あんをトッピングした名古屋限定メニュー

優雅なひとときを過ごせる
キハチブランドのカフェ

キハチ カフェ
名鉄百貨店本店

キハチ カフェ めいてつひゃっかてんほんてん

名古屋駅周辺 **MAP** 付録P.8 C-4

「レストラン キハチ」が手がけるカフェで、旬の素材を使ったサラダやサンドイッチ、スイーツに香り高いコーヒーが評判。テーマである"心のゆとりを感じる、大人のためのくつろぎ空間"をぜひ。

☎052-585-7748
所中村区名駅1-2-1 名鉄百貨店本店 本館4F 営10:00〜19:00(L.O.18:30)
休名鉄百貨店に準ずる
交各線・名古屋駅からすぐ
P名鉄スカイパーキングほか契約駐車場利用

↑全面禁煙のくつろぎ空間。ゆったりとした時間を約束してくれる

↑エビ、アボカド、トマト、ルッコラのサンド2200円

常時20種類以上の豆が揃う
小さな珈琲専門店

加藤珈琲店
かとうこーひーてん
栄 **MAP** 付録P.11 E-2

国際品評会で上位に入賞した高品質コーヒー豆が味わえる珈琲専門店。コーヒーの新たな発見や魅力について感じてもらうため、一人ひとりの好みの味を分析する珈琲カルテなどの取り組みも。

☎052-951-7676
所東区東桜1-3-2
営8:00〜16:00(LO15:45)
休第3水曜(15日の場合は翌日) 交地下鉄・久屋大通駅から徒歩1分 Pなし

↑一人でも入りやすい店内は、テーブルとカウンター合わせて全14席

↑桜通に面しており、気軽に入りやすい雰囲気も人気のひとつ

↑小倉トースト495円。観光客も多くモーニングも人気

金しゃち珈琲ぜんざい 605円
コーヒーと小倉あんが絶妙にマッチした一品。栗の上にのった金粉も名古屋らしい

甘美なナゴヤスイーツ

↑ドアを開けた瞬間からコーヒーの良い香りに包まれる

↑午後からゆっくりと楽しめる「午後のモーニング」がおすすめ

アットホームな自家焙煎
濃厚なコーヒーを楽しむ

BUCYO COFFEE
ブチョーコーヒー
名古屋駅周辺 **MAP** 付録P.2 C-1

自家焙煎したコーヒーと自家製小倉が人気。アットホームなメニューや心地よい接客で、多くの人から愛され賑わう。しっかりとした味わいのオリジナルコーヒーはおかわりが1杯無料のサービスも。

☎052-582-3780
所中村区名駅南1-10-9山善ビル1F
営7:15〜17:00(LO16:30)
モーニングはLO10:30
休1月1日・2日
交各線・名古屋駅から徒歩10分
Pなし

小倉&ザクザクきなこバターの厚切りトースト 800円
甘さ控えめの小倉あんと煎り大豆のクランチ入りきなこバターのダブルのせが大人気の一品

食べる●ナイトスポット

美酒と美観に酔いしれる

夜の光が彩る大人の場所

きらびやかな夜景と、お店の世界観が
生む別天地は、旅先での特別な夜を
演出してくれる。おいしいお酒と
料理を心ゆくまで味わいながら、
一日の締めくくりを優雅に過ごしたい。

ブルーライトで照
された黒を基調と
た空間。窓際席に
約するのが確実
THE ONE AND ONL

地上210mから見
名古屋の夜景は、
るできらびやか
宝石箱のよう。
スカイラウン
「ジーニス」

名古屋の夜景を独り占め
地上180mの極上空間へ

THE ONE AND ONLY
ザ ワン アンド オンリー

名古屋駅周辺 **MAP** 付録P.8 C-2

店は地上40階、高さ180m、全面ガラス張りで名古屋市内の夜景を一望できる。カクテルは100種類以上も揃い、オリジナルカクテルも注文できる。コース料理(前日までに要予約)は7260円～。

☎052-551-0030
㊟西区牛島町6-1 名古屋ルーセントタワー40F
🕐18:00～翌1:00(LO24:30、最終入店24:00) 🈂無休 🚃各線・名古屋駅からすぐ

1. 手ごろなものからハイクラスなものまで揃う
2. チーズ3種盛り合わせ1815円
3. 野菜のディップ1452円は女性に人気

おすすめメニュー

カクテル 1150円～
コース料理 7260円～

予約 可
予算 4000円～

ホテル最上階のラウンジで
プレミアムな時間を満喫

スカイラウンジ
「ジーニス」

名古屋駅周辺 **MAP** 付録P.8 C-3

名古屋マリオットアソシアホテル(P.136)の最上階ラウンジ。17時以降はカクテルや、シェフが腕をふるう人気ディナーコースが味わえる。ピアノの生演奏も特別な夜を演出してくれる。

☎052-584-1108
㊟中村区名駅1-1-4 名古屋マリオットアソシアホテル52F 🕐13:00～23:00(LO22:30) 土・日曜、祝日11:30～23:00(LO22:30) 🈂無休 🚃各線・名古屋駅からすぐ

1. 新しく誕生したワインアトリエ
2. 高級感が漂うヨーロッパ風の店内
3. 人気の「スカイアフタヌーンティー」は早めの予約がおすすめ

おすすめメニュー

スカイアフタヌーンティー
5000円～
ディナーコース 11500円～

予約 可
予算 Ⓛ2000円
　　 Ⓓ11500円～

プレミアムなカウンターに陶酔する

繁華街の隠れ家にて

一杯のお酒に込められた細やかな心配りと特別なこだわり。
大都市の喧騒から少し離れて、静かにグラスを傾けるひととき。

⬆モルトウイスキーやハードリカーなど約1000本のボトルが並ぶBAR BARNSの一枚板のカウンター

BAR BARNS
バー バーンズ

伏見 **MAP** 付録P.10 B-4

広くニーズに応える
オーセンティックバー

全国的にも名高いバーの名店。提案型のバーとして、基本的なドリンクメニューは存在せず、ニーズに合わせた一杯をそのつど提供している。訪れた人が魅了される、至極の一夜を過ごすことができる。

☎052-203-1114
所中区栄2-3-32 アマノビルB1
営16:00～24:00(L.O.23:30)
土・日曜、祝日は15:00～23:00
(L.O.22:30) 休月曜、第1・3火曜
交地下鉄・伏見駅から徒歩3分

予約 要
予算 5000円～
※チャージ料(ナッツ類・オードブル付)1300円

⬆生ハムとルッコラのサラダ1800円など、フードメニューも豊富

⬆シンプルながらもイチジクの風味を最大限に生かした女性に人気のカクテル

⬆山梨県産の巨峰を8粒使用。飲んだ瞬間からみずみずしい風味が広がる

おすすめメニュー

愛知県産イチジクのカクテル
1600円／山梨県産巨峰のカクテル 2200円

⬆入手困難なウイスキーなども用意

BAR YLANG YLANG
バー イラン イラン

伏見 **MAP** 付録P.9 F-4

ノースモーク・ノーチャージ
フードメニューも充実

お酒の原料のほのかな香りを感じ取れるよう全席禁煙に。シングルモルトや本格カクテルはもちろん、1軒目としても使える充実したフードメニューも揃う。自家製スイーツ目当ての女性客も多い。

☎052-222-3125
所中区錦1-14-23 HP錦橋ビル2F
営18:30～翌2:30 休無休
交地下鉄・伏見駅から徒歩5分

⬆白を基調とした開放的な店内は、女性一人でも入りやすい雰囲気

予約 可
予算 2000円～(税別)

おすすめメニュー

オリジナルカクテル
990円
ナチュールワイン 880円

⬆自然製法で造られた「ナチュールワイン」。グラスにもこだわりが

⬆味わい深いウイスキー。ロック氷はダイヤモンドカット

⬆季節のフレッシュフルーツを使用したオリジナルカクテル

↑AUTHENTIC BAR Kreisのバーカウンター。ゆったりくつろげるように席と席の間が広くとられている

AUTHENTIC BAR Kreis

オーセンティック バー クライス

伏見 MAP 付録P.10A-4

おいしさのために
徹底したこだわりを持つ

フレッシュフルーツや野菜を
使用したカクテルをはじめ、
かなりマニアックなウイス
キーも取り扱う。道具や水、
氷にいたるまで徹底したこだ
わりから生まれる至高の一杯
で非日常的な時間に浸れる。

☎052-231-3223
所中区栄1-4-12 第一御園山田ビル
2F 営17:00〜翌1:00 休不定休
交地下鉄・伏見駅から徒歩1分

おすすめメニュー

オリジナルカクテル 1100円〜
シングルモルト 880円〜

予約 可
予算 4000円〜

↑大切な人と語り合えるテーブル
席や半個室も完備

↑濃厚な甘酸っぱさのモスコミュー
ル1100円

↑さわやかな色が印象的なチャイナ
ブルー1100円

日本酒を嗜む立ち飲み屋

日本酒の素晴らしさを八咫烏のように導く

純米酒専門 YATA 栄店

じゅんまいしゅせんもん やた さかえてん

酒販店が経営する純米酒専門
の立ち飲み店。おすすめは利
き酒コース（1時間2500円）で、
日本酒通の店長が要望を聞き
ながら構成する。

栄 MAP 付録P.11 F-4

☎052-253-8553 所中区栄4-4-4
栄メッツビル1F 営17:00〜23:00
（LO）土・日曜、祝日15:00〜22:30
（LO）休月曜 交地下鉄・栄駅から
徒歩5分

予約 可
予算 2500円〜

↑「作」や「はなぶさ」など東海
地方の地酒も充実している

↑すべて1ショット（100ml）700円

♣鶏のささみのスモークやク
リームチーズのわさび和えな
どつまみはすべて600円

123

おすすめメニュー
クラフトビール 800円〜（税別）
生ソーセージのオーブン焼き
680円（税別）

堀川右岸のロケーションで
クラフトビールを味わう

あらびき

予約 可
予算 3000円〜（税別）

伏見 MAP 付録P.9 F-4

樽生クラフトビールと中華料理が一緒に楽しめるお店。辛みだけでなく旨みを重視した緑麻婆豆富980円などの絶品本格中華にビールが進む。カウンター越しにスタッフと会話が弾むのもこのお店の魅力だ。

☎052-211-5956
所中区錦1-15-10 萬新ビルB1 営18:00(土・日曜15:00)〜0:00(LO23:00) 休月曜、祝日 交地下鉄・伏見駅から徒歩5分

↑手切りした肉の食感が大人気の肉っ！な手作り焼売680円

←桜島鶏のパリパリ焼き1180円。干すことで程よく締まった肉とパリパリの皮がクラフトビールにぴったり

↑初対面でもお客さん同士が仲よくなれるような空気が漂う。ワインも各種揃う

クラフトビールを片手に会話と料理を満喫
賑やかな夜の祝杯

なみなみと注がれたビールと相性抜群の料理が、旅の夜を充実させる。
お店が持つ独特の雰囲気や、人との語らいも楽しみたい。

食べる●ナイトスポット

いつでも新鮮な「樽生」
クラフトビールが飲める

CRAFTBEER KEG・NAGOYA
クラフトビール ケグ・ナゴヤ

栄 MAP 付録P.11 E-3

予約 可
予算 L880円〜 D2000円〜

常時13種類のクラフトビールが揃い、樽が空くごとに違うものに代わるので、毎日異なるビールが楽しめる。飲み放題とおつまみ8品がついたパーティプランも楽しめる。11:30からの昼飲みもおすすめ。

☎052-971-8211
所東区東桜1-10-13 営17:00〜23:00 土曜11:30〜23:00 休無休 交地下鉄・久屋大通駅から徒歩3分

↓夜はもちろん、休日になると昼飲み目当ての人で賑わう

おすすめメニュー
クラフトビール 800円〜
マルゲリータ 1200円

↑13ものタップ（生ビール注ぎ口）があり、いつでも新鮮な状態で飲むことができる

↑直径24cm、モルトエキスの入ったマルゲリータ。季節の食材を取り入れた料理も評判だ

↑日本全国のクラフトビールが入荷されるので、さまざまな味のクラフトビールが楽しめる

豊かな伝統に
支えられた
逸品と出会う

買う

❖

代々受け継がれてきた伝統に
固執するだけではない。
過去から目を離すことなく、
先にも目を向け、新旧を融合させ、
常に高みを目指す職人による
暮らしを彩る品々や
名物の味みやげを探したい。

上質が極まる逸品

代々受け継がれた技と誇りの結晶

ものづくりの歴史が息づく街で、今も重宝される工芸品の数々を手に入れたい。
華やぎの七宝や扇子、暮らしに取り入れたい染物など、見て触れて職人の技を感じる。

買う●

有松絞り
ありまつしぼり

約400年前、尾張藩が藩の特産品としたのが有松絞りの始まり。伝統技法は約100種類にもおよび、有松・鳴海絞りは国内絞り生産の90%を担う。

巾着
2000円（税別）
カラフルでかわいい蜘蛛絞りの巾着。和装、洋装問わずに合わせられるアイテム

シルクスカーフ
8000円（税別）
肌ざわりが良いシルク生地に縫い絞りを施したスカーフ。細かい縫いが上品さを演出

**ハーフスリーブ
ワンピース**
2万円（税別）
人気の藍色のワンピース。小さな四角形柄の鹿の子絞りで、アジサイの花を表現

化粧ポーチ
1800円（税別）
多彩な絞り技術で仕上げられた生地をコラージュした色彩豊かでおしゃれなポーチ

縦書き：職人の実演も見られる中核施設

**ハーフスリーブ
ワンピース**
2万円（税別）
涼しげな有松絞りのワンピース。会館にはこうしたウェアアイテムが豊富に揃っている

七宝焼き
しっぽうやき

天保年間（1830～44）、尾張の梶常吉が、オランダ船により輸入された七宝皿を手がかりに製法を発見、改良を加えたのが始まりとされている。

縦書き：明治期創業の七宝焼の老舗

銀彩ボンボニエール
2万円（税別）
テーブルの装飾品にて、小物入れなどに利用できる

**七宝金地鶴と
松飾皿**
15万円（税別）
尾張七宝の最大の特徴である「釉薬差し」を職人が手作業で行っている。釉薬の盛り上がりもあり、立体的に見えるのも特徴

薔薇ピンブローチ
1万5000円（税別）
オリジナルデザイン。花びら一枚一枚に立体感を持たせ薔薇の花らしさを表現

**丸型銀彩
干支飾皿**
3600円（税別）
縁起物として、2024年の辰年にちなんで

**七宝ピンブローチ
（メキシカンスカル）**
2万8000円（税別）
スカルの細部までこだわり抜いた逸品。ゴールドにブラックのスカルはゴージャスでどことなくユーモラス

七宝お猪口
2万4000円（税別）
冷酒用の器。このほか黄色・緑色・赤色の全4色（火傷の原因になるので、加熱した飲料は入れない）

有松・鳴海絞会館 → P.80
ありまつ・なるみしぼりかいかん

有松 **MAP** 付録P.18 C-1

有松絞りの中核をなす施設で、その歴史や職人による実演などが見られる。1階の広いショップでは小物からウェア、反物まで幅広い絞り商品が販売されている。

子ども服なども充実しているので、贈り物にもぴったり。2階では実演が行われている

安藤七宝店
あんどうしっぽうてん

栄 **MAP** 付録P.13 D-1

明治13年（1880）創業以来、尾張七宝焼の製造販売を手がける老舗で、東京・銀座にも支店を展開している。美しい小物が充実しているので、旅の記念におすすめ。

☎052-251-1373
⌂名古屋市中区栄3-8-8名古屋平和ビル1階　⏰10:00～18:30（土・日曜、祝日は～18:00）　休月・火曜
🚇地下鉄・栄駅から徒歩3分
Ｐあり

2023年6月に移転、リニューアルオープン

名古屋扇子
なごやせんす

宝暦年間(1751〜64)に京都から現在の西区幅下(名古屋城下)あたりに移住してきた井上勘造親子により製造が始められたのが起源と伝わる。

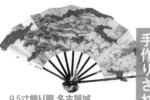

9.5寸飾り扇 名古屋城
3万250円
豪華さを演出する金雲と名古屋城に、桜と松の木を配した色鮮やかな飾り扇子

6.5寸35間唐木 紺地鉄線 **3080円**
紺パール地に白い鉄線が引き立つ

7.5寸35間ラメ鮎 **3300円**
黒地にラメ鮎の扇子

手作りされる多彩な名古屋扇子

名古屋黒紋付染
なごやくろもんつきぞめ

慶長15年(1610)、尾張藩士小坂井家(こざかい)が、藩内の旗、幟などを製造したことが始まりといわれる。のちに現在につながる紋型紙締めの技法が生まれた。

黒紋付染手ぬぐい
(白丸・金鯨、葵)(のぼり)
各1420円
黒紋付染の技法を使った手ぬぐい。伝統柄の白丸や鱗紋が入った製品もある

黒紋付染Tシャツ
各4620円
黒紋付染職人がTシャツに黒の味わいのテキスタイルを表現。一点ものののなかから自分好みを選びたい

黒紋付染ストール
各4950円
知多木綿を使ったストール。黒紋付染の特徴である染抜きやムラ染めなどがある

黒紋付染をモダンスタイルで

つげ櫛
つげくし

本つげ櫛は、髪を傷めず、毛根に心地よい刺激を与え、頭熱を冷やし、抗菌・抗炎症作用があるのが特徴。木目が美しく丈夫で長持ちするのも魅力的。

女性櫛(中歯)
4万920円
シンプルな女性用のつげ櫛。中歯は髪の毛の長い人、軽くパーマがかかっている人におすすめ

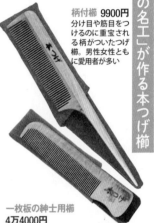

柄付櫛 **9900円**
分け目や筋目をつけるのに重宝される柄がついたつげ櫛。男性女性ともに愛用者が多い

一枚板の紳士用櫛
4万4000円
歯のある下の板とその上の部分の板を接着した2枚板が一般的。しかしこの櫛は木目重視に1枚板仕上げ

「現代の名工」が作る本つげ櫛

上質が極まる逸品

末廣堂
すえひろどう

名古屋城周辺 **MAP** 付録P.2 B-1

大正元年(1912)に輸出向け扇子の製造店として開業。現在は昔ながらの手作り「名古屋扇子」にこだわる製造直営店で、店内で名古屋扇子の手作り体験(1000円〜、要予約)もできる。

☎052-562-2267
㊟西区新道1-20-14
㊐10:00〜17:00
㊡日曜、祝日
㊂地下鉄・浅間町駅から徒歩6分 ㋚あり

山勝染工
やまかつせんこう

名古屋城周辺 **MAP** 付録P.2 C-1

大正8年(1919)創業以来、黒紋付染の伝統的製法を守る。黒紋付染のほか、自社ブランド「中村商店」では伝統的技術を現代に応用した多彩な商品を展開中。手ぬぐいはG20のおみやげとしても使われた。

☎052-523-1601
㊟西区城西2-6-28
㊐10:00〜17:00
㊡土・日曜、祝日
㊂地下鉄・浅間町駅から徒歩6分 ㋚あり

櫛留商店
くしとめしょうてん

名古屋城周辺 **MAP** 付録P.2 C-1

三重県で櫛作りの修業を積んだ初代が明治36年(1903)に名古屋で開業。大相撲力士や歌舞伎役者に用いられる櫛を作っている。櫛にこだわる人向けに一般用の櫛も多数取り揃えている。

☎052-991-3759
㊟北区駒止町1-60
㊐10:00〜18:00
㊡不定休
㊂地下鉄・黒川駅から徒歩12分 ㋚あり

茶の湯文化が育てた和菓子の数々
7軒の伝統銘菓

江戸時代より華やかな芸事や豊かな食文化が根づいた名古屋。
特に茶の湯文化は隆盛を極め、茶席用の和菓子も発達。
上品ながらも親しみのある色や形が町人文化を物語っている。

A をちこち 918円(半棹)
大納言小豆の上品でやさしい甘さと餡村雨
のしっとり感が楽しめる棹菓子

買う

A 両口屋是清 本町店
りょうぐちやこれきよ ほんまちてん
丸の内 **MAP** 付録P.10 C-2

名古屋を代表する老舗の味

寛永11年(1634)創業。かつて尾張藩の
御用菓子を務めた歴史を持つ和菓子屋。
手みやげ菓子から茶席向けの上生菓子
まで、豊富なラインナップを誇る。
☎052-962-7011
⊕中区丸の内3-22-6
⊗9:00〜18:00 ⊗日曜
⊗地下鉄・丸の内駅から徒歩5分 ℗あり

A 二人静 2052円(平箱2入り40粒)
可憐な花を思わせる、やさしい口どけの紅
白一対の和三盆糖の干菓子

A 千なり 1890円(10個)
たっぷりのつぶ餡をふんわり生地で挟んだ
手みやげの定番品。3種類の味が楽しめる

B 美濃忠
みのちゅう
丸の内 **MAP** 付録P.9 F-1

長い歴史に培われた蒸し菓子

尾張藩の御用菓子司筆頭だった桔梗屋
の流れをくみ、安政元年(1854)の創業
から今日に至るまで、名古屋地域特有
である棹菓子を作り続けている。
☎052-231-3904
⊕中区丸の内1-5-31
⊗9:00〜18:00 ⊗無休 ⊗地下鉄・丸の内
駅⑧番出口から徒歩5分 ℗あり

B 雪花の舞 216円(1個)
なめらかな黄身餡を伊勢芋入りの生地で包
んだ上品な甘さのお菓子

B 栗羊羹 2484円(1本)
ゴロゴロとたっぷり加えた特選栗と風味豊か
な小豆との相性は抜群

C 芳光
よしみつ
白壁周辺 **MAP** 付録P.7 E-2

茶人お墨付きの上生菓子

昭和39年(1964)創業。京都の名店「塩芳軒」
で修業した先代店主が改良を重ね限界まで
やわらかくしたわらび餅は売り切れる場合
もあるので電話での予約がおすすめ。
☎052-931-4432
⊕東区新出来1-9-1 ⊗9:00〜17:30 ⊗日曜、
第3月曜 ⊗名鉄・森下駅から徒歩13分 ℗あり
※地方発送不可

C わらび餅 330円(1個)
本わらび粉使用の生地で自家製こし餡を包
む。10〜6月限定

C 椿餅 340円(1個)
つぶ餡を羽二重餅でくるみ、表面を寒天液
で覆っている。季節限定

D 大納言最中 141円(1個)
もち米100%の最中種に北海道産大納言小豆をふんだんに詰めた看板商品

D もなか屋の小倉トースト 1080円(5個)
バター風味の最中種から作る種パンに粒あんをのせて食べる名古屋みやげの新定番

E 栗饅頭 270円(1個)
ハチミツ風味の白餡と大粒の栗を包み込んだ昔懐かしい味わい

E 一口ういろ 540円(5個)
白・桜・栗入り抹茶・小豆・黒砂糖味。食べやすいサイズが好評

F 献上外良 1080円〜(1棹)
昔と変わらぬ製法で作られる、もっちりとしながら歯切れのよい食感

F わらびういろ 675円(5個)
わらび餅とういろの食感を合わせ持つ人気商品。好みできな粉と黒蜜をかけて食べる

G フルーツ餅(イチゴ) 292円〜(1個)
イチゴやモモなど季節ごとに厳選したフルーツをふわふわの羽二重餅で包んだ大福

G フルーツ水羊羹 495円〜(1個)
みずみずしく喉ごしのよい水羊羹に旬のフルーツを合わせた花桔梗を代表する夏の涼菓

D 不朽園
ふきゅうえん
金山 **MAP** 付録P.16A-1

職人技が光る最中種と餡

名古屋で最中といえばここというほど絶大な人気を誇る。木造瓦屋根の風情ある本店は、地域建造物資産にも認定。店頭ではできたての最中も味わえる。
☎052-321-4671
⊕中川区尾頭橋3-4-8 ⊕7:00〜19:00
⊛水曜(祝日や行事の際は変更あり)
⊗各線・金山駅から徒歩10分 Ｐあり

E 雀おどり總本店
すずめおどりそうほんてん
栄 **MAP** 付録P.13D-1

鮮度の良い日常使いのお菓子

創業160年を超える老舗。老若男女問わず楽しめ、地元に愛されてきた銘菓が揃う。本店の甘味処では、ういろやあんみつ、わらび餅などが味わえる。
☎052-241-1192
⊕中区栄3-27-15
⊕10:30〜19:00 ⊛無休
⊗地下鉄・矢場町駅から徒歩5分 Ｐなし

F 餅文総本店
もちぶんそうほんてん
熱田周辺 **MAP** 付録P.2C-3

江戸より続く名古屋ういろの元祖

万治2年(1659)創業。尾張藩の御用商人だった初代餅屋文蔵が、藩主に仕えた明の文人・陳元贇からういろの製法を伝授されたのが始まりとされる。
☎052-691-5271
⊕南区豆2-36-24
⊕9:00〜18:00 ⊛無休
⊗名鉄・道徳駅から徒歩7分 Ｐあり

G 菓匠 花桔梗 本店
かしょう はなききょう ほんてん
瑞穂 **MAP** 付録P.2C-2

洗練されたフォルムと自然な色合い

尾張徳川家の御用菓子司「桔梗屋」をルーツに持つ和菓子店。伝統を継承しながらも、現代的なセンスを追求した繊細かつ優美な色合いの和菓子を提供。
☎052-841-1150
⊕瑞穂区汐路町1-20
⊕10:00〜19:00 ⊛無休
⊗地下鉄・桜山駅から徒歩8分 Ｐあり

有名パティシエが創造するアートを堪能
洗練をまとう絶品スイーツ

名古屋駅周辺の駅ビルには、華のある高級スイーツが
並び、覚王山や本山に足をのばせば、話題のケーキや
タルトに出会える。どれも宝石のように輝く逸品だ。

⇒P.42

A ピエール マルコリーニ 名古屋

ピエールマルコリーニ なごや

名古屋駅周辺 **MAP** 付録P.9 D-3

大人のチョコレートを堪能
ベルギー王室御用達ショコラ
ティエ。厳選したカカオと、素
材にこだわった
スイーツが豊富
に揃う。

B ミッシェル・ブラン

名古屋城周辺
MAP 付録P.2 B-1

手作りのクオリティを守る
フランスの至宝とされるパティ
シエ。なめらかさと繊細な味わ
いが特徴だ。

☎052-325-3905 西区児玉3-6-11
10:30～19:00
火曜(季節により変動あり) 地下
鉄・浄心駅から徒歩13分 Pあり

C pâtisserie Sadaharu AOKI paris

ジェイアール名古屋タカシマヤ店

パティスリー サダハル アオキ パリ
ジェイアールなごやタカシマヤてん

名古屋駅周辺 **MAP** 付録P.8 C-3

伝統的技法に加わる独創性
パリを拠点に活躍するパティシ
エ・青木定治氏のブティック。カ
ラフルな色彩とスタイリッシュ
なスイーツが人気。

☎052-566-1101(大代表)
中村区名駅1-1-4ジェイアール名古屋
タカシマヤB1 10:00～20:00
不定休 各線・名古屋駅からすぐ
Pタワーズ一般駐車場利用

A エクレア
（テイクアウト）
810円
キャラメル、チョコレー
ト、バニラなど以外に限
定品も登場する

A ケーキ ショコラ
マンディアン
2484円
濃厚なチョコレートの
パウンドケーキにドラ
イフルーツ、ナッツを
あしらっている

A セレクション 8個入り
3267円
人気のチョコレートの詰め合わ
せ。内容が変わる場合もあり

B マカロンビスコッティグラン
1200円
マカロン生地に発酵バターをかけ
て二度焼き。サクッとした食感と
アーモンドの風味豊かな味わい

B ミッシェル・ブラン4
1700円
繊細な甘みと素材の風味が
溶け合った、口どけなめら
かなショコラ

B ドゥショコ 630円
ミッシェル・ブランを最
も端的に表現したガトー。
ミルクチョコとビター
チョコのムースが濃厚で
絶妙なバランス

C ボンボン ショコラ
6048円（12個入り）
パリから直輸入している。味によっ
てショコラの原料を巧みに峻別。
ヴィヴィッドな色彩が目を奪う

C マカロン
2247円（5個入り）
独自の配合比と製法で
作り上げる、青木氏の
看板商品

D ロカイユ
各324円
看板メニューの「ロ
カイユ」は、ふわ
ふわのメレンゲを
じっくり焼き上げ
た伝統菓子

D ミルフィーユショコラ
735円
サクサクのパイ生地にショコ
ラティエのガナッシュクリー
ムを挟んだ一品

D ショコラ
4428円(10個入り)
ジュヴォー自慢のボンボ
ンショコラの詰め合わせ

E ルティム・ショコラ
880円
セモア社の2種類のショ
コラとタヒチ産バニラ
を使用した新作のチョ
コレートケーキ

E エクレール・オ・ブールサレ
490円
この店定番の、濃厚なキャラメルの
エクレアの上にフランス産AOPバ
ターをトッピング

F カシス・バニーユ
690円
マスカルポーネの
クリームにバニラ
風味のガナッシュ
を入れ、タルトに
もバニラを使用

F ミルフィーユ
650円
香ばしいパイ生地の食
感に濃厚なムースリー
ヌが絶妙にマッチ。ほん
のリラム酒の香り

E クー・デ・ボワ
580円
ダックワーズ生地にバニラのバヴァロワ、
中央にベリーのジュレを忍ばせたケーキ

F ヌガー・プロヴァンサル
690円
フランボワーズハチミツのムー
スとアーモンドヌガーやフルー
ツコンフィのムースが層に

洗練をまとう絶品スイーツ

D **ラ・メゾン・ジュヴォー**
名古屋駅周辺
MAP 付録P.8 C-2

南仏発の本格パティスリー
まばゆいばかりのプチガトー、
ショコラなどがショーケースに
並び、クロワッサンなども購入
できる。

➡ **P.42**

E **シェ・シバタ**
覚王山 **MAP** 付録P.14 B-2

世界が注目するパティスリー
国内外で活躍する柴田武氏の直
営店。2021年2月にリニューア
ルオープン。宝石のようなケー
キがショーケースを飾る。店内
にはイートインスペースも完備。
☎052-762-0007 ㊟千種区山門町
2-54 ⏰10:00〜19:00 ㊡火曜 🚉
地下鉄・覚王山駅から徒歩2分 🅿なし

F **パティスリー グラム**
本山 **MAP** 付録P.15 F-2

ホテル修業のシェフの店
本山の猫洞通の閑静な住宅地の
一角にある小さなパティスリー。
一流ホテルで11年修業を積んだ
シェフによるスイーツが並ぶ。
☎052-753-6125
㊟千種区猫洞通2-5 1F
⏰10:00〜17:00 ㊡火・水曜 🚉地下
鉄・本山駅から徒歩15分 🅿あり

名古屋駅周辺で名菓&名産を探す
味みやげ Selection

ロングセラーの郷土菓子や八丁味噌を使った名古屋の味。
移動の合間でも気軽に買える名古屋駅周辺の店でセレクト。

A B E
青柳 小倉サンド
972円(5個入り)
名古屋のモーニングで定番の小倉トーストをクッキーサンドにした一品。職人の手仕事によって仕上げられた素朴な味わい
青柳総本家

C
レガル・ド・チヒロ シュクレ缶
5211円
一枚一枚丹精込めて焼きあげた、REGAL(おいしいごちそう)という名のクッキー
CAFÉ TANAKA

C
ビスキュイ・シンプリシテ
2997円
バターをはじめ、素材にこだわり、シンプルを極めた素朴ながらも贅沢な仕上がり
CAFÉ TANAKA

A B C D E
カエルまんじゅう
864円(6個)
愛らしいカエルは青柳総本家のロゴマークがモチーフ。こし餡たっぷり
青柳総本家

A B C D
ゆかり黄金缶
918円(10枚)
1枚の約7割をエビを使用した贅沢なせんべい。黄金缶パッケージは名古屋地区限定
坂角総本舗

A B
大須ウイロバー
756円(5本)
一口サイズのういろにアイスのバーをつけたユニークな逸品。見た目も可愛くて手も汚れないと人気
餅文総本店

A B
なごやん
1260円(14個入り)
昭和33年(1958)誕生の銘菓。カステラ生地になめらかな黄味餡を包んだやさしい味わい
敷島製パン(Pasco)

A B C E
一口生ういろ
540円(5個入り)
もっちり食感、一口タイプのういろ。食べやすい個包装で5種類の味が楽しめる
餅文総本店

買う

おみやげはココで購入

A グランドキヨスク名古屋
グランドキヨスクなごや

名古屋駅 **MAP** 付録P.8 C-3

中央改札口前にある大型キヨスク。駅構内最大規模の面積を誇り、地元老舗の和菓子などのみやげ品や駅弁が豊富に揃う。

☎052-562-6151(名古屋店室室)
🏠中村区名駅1-1-4 JR名古屋駅構内
🕐6:15~22:00 無休
🚉JR名古屋駅構内 Pなし

B ギフトキヨスク名古屋
ギフトキヨスクなごや

名古屋駅 **MAP** 付録P.8 C-3

新幹線改札口に近い中央コンコースにある大型キヨスク。地元名菓はもちろん、生菓子も多く取り扱う。早朝から営業しているので便利。

☎052-562-6151(名古屋店室室)
🏠中村区名駅1-1-4 JR名古屋駅構内
🕐6:30~22:00 無休
🚉JR名古屋駅構内 Pなし

C ジェイアール名古屋タカシマヤ
ジェイアールなごやタカシマヤ

名古屋駅周辺 **MAP** 付録P.8 C-3

地下1・2階に名古屋グルメの惣菜や弁当、話題の洋菓子店など多彩な店が集結。カクキューや大和屋、赤福などの東海の味コーナーも。

☎052-566-1101(大代表)
🏠中村区名駅1-1-4ジェイアール名古屋タカシマヤB2-B1
🕐10:00~20:00 不定休
🚉各線・名古屋駅からすぐ
Pタワーズ一般駐車場利用

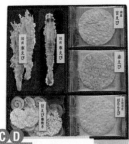

B C D
海老づくし
3780円（2カップ11袋）
桂新堂を代表する海老菓子の
「あられ焼き」「姿焼き」「炙り焼
き」の詰め合わせ。
桂新堂

C E
三河産大豆使用
八丁味噌（カップ）
696円（300g）
伝統製法の八丁味噌。
濃厚なコクがあり、料
理の隠し味にも最適
カクキュー八丁味噌

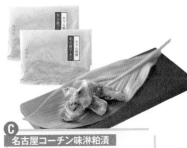

C
名古屋コーチン味淋粕漬
1350円（100g）
守口漬の大和屋が漬ける技を応用して作った
味淋粕漬。じっくりと漬け込んだ名古屋コー
チンは、旨みと弾力に富んだ歯ごたえが絶妙
六行亭

A B C D E
守口漬（銀袋）
864円（120g）
酒粕の芳醇な香りが堪
能できる特産品
大和屋守口漬総本家

C D E
つけてみそ
かけてみそ
387円
地元住民御用達の万能
調味料。おでん、とん
かつ、焼きナスなどに
かければ、たちまち名
古屋の味に早変わり
ナカモ

C E
味噌カツのたれ
540円（320g）
味噌としょうがが合わさっ
たさわやかな風味。炒め
物などにも使用できる
カクキュー八丁味噌

C D
生みそ煮込みうどん詰合せ
918円
名古屋名物の味噌煮込みうどん
を家庭で味わえるセット。八丁
味噌ベースのつゆは秘伝の調合
山本屋総本家

C D
三州三河みりん
1122円（700㎖）
原料はもち米、米麹、本格焼
酎のみ。日本伝統の醸造技術
でキレのある上品な甘さ、コ
クを引き出した本格みりん
角谷文治郎商店

C
みそおでん
864円
ゆで玉子、さつまあげ、こんにゃ
く、焼きちくわを秘伝の味噌で煮
込んだ旨みとコクが詰まった一品
山本屋総本家

A C D E
金しゃちビール
346円～（税別、330㎖）
地元名産の赤味噌を使った味わい豊かなビール
など個性豊かなラインナップを誇る地ビール
盛田金しゃちビール

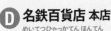

D ### 名鉄百貨店 本店
めいてつひゃっかてん ほんてん

名古屋駅周辺 **MAP** 付録P.8 C-4

地元の老舗百貨店。本館地下1階のスイーツス
テーション内に約40を超える和洋菓子の店が並
ぶ。そのなかに名古屋名菓（菓乃舎）ブースも。
☎052-585-1111（代表）
所中村区名駅1-2-1 営10:00～20:00 休不
定休 交各線・名古屋駅からすぐ P名鉄スカ
イパーキングほか契約駐車場利用

E ### エスカ

名古屋駅周辺 **MAP** 付録P.8 B-3

名古屋駅西口の駅前広場地下商業施設。新幹線
口に最も近く、みやげ物店のほか喫茶店や味噌
カツといったなごやめしの店も勢揃い。
☎052-452-1181 所中村区椿町6-9先
営10:00～20:30（店舗により異なる）
休2月第3木曜、9月第2木曜
交各線・名古屋駅からすぐ Pあり

旅の最後のお楽しみ
名古屋駅で買える
お弁当

ひつまぶしや味噌カツ、天むすなど、
個性豊かな食文化を誇る名古屋。
旅の最後の食事は、ご当地の味が
凝縮したお弁当を堪能したい。

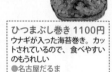

ひつまぶし巻き 1100円
ウナギが入った海苔巻き。カットされているので、食べやすいのもうれしい
●名古屋だるま

純系名古屋コーチンとりめし 1100円
名古屋名物の名古屋コーチンを使用。名古屋コーチンの照り焼きと同じ鶏のだしで炊いた鶏飯も美味。つくねと味噌焼きが新たに加わった
●名古屋だるま

びっくりみそかつ 1200円
迫力満点の大きな味噌カツが入ったボリュームたっぷりの人気駅弁
●名古屋だるま

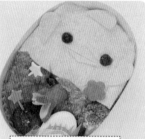

ぴよりん弁当 1350円
オムライスとお惣菜でぴよりんをイメージした幅広い世代に愛されるお弁当。「名古屋コーチン」を取り入れ、名古屋らしさを楽しめる。食後のぴよりんキャンディ入り
●松浦商店

天むす 780円
コーン油でからりと揚げたエビ天、三重県産コシヒカリ、九州有明海産の海苔を使い、熟練職人の絶妙な握り加減が光る
●元祖めいぶつ天むす 千寿

復刻弁当 870円
昭和初期の幕の内弁当を復刻。さばの照り焼き、白身魚フライ、牛肉の炒め煮など、味わい深い
●松浦商店

天下とり御飯 1240円
90年以上松浦商店独自の製法で毎日ていねいに作りあげるきめ細かい玉子そぼろが自慢のとり御飯弁当
●松浦商店

非日常の
時間と空間で
心と体が潤う
至福

泊まる

◆

華やかな夜景と朝の爽快な眺めが
満喫できる高層ホテル、
極上の癒やしをもたらす
エステやスパが充実のホテル。
都市での滞在にふさわしい
スタイリッシュな空間と機能美、
手厚いホスピタリティが
上質な旅を実現させてくれる。

快適な空間と贅沢なサービスで安らぐ
名門ホテルで過ごす特別な夜

ロビーに足を踏み入れた瞬間に広がる別世界。
旅の高揚感と非日常感をさらに演出してくれる
至高のホスピタリティで、極上ステイを堪能。

名古屋市街を眼下に見下ろす
高層階に広がる上質ステイ

名古屋
マリオットアソシアホテル

なごやマリオットアソシアホテル

名古屋駅周辺 **MAP** 付録P.8 C-3

名古屋駅の真上、JRセントラルタワーズホテル棟の15～52階に位置する抜群のアクセスながら別世界の静けさ、和室や9種類のスイートルームなど多様な客室が魅力。和、仏、中、鉄板焼きなど、8つのレストランとバーが揃う。

☎052-584-1111(代表)
🏠中村区名駅1-1-4 JRセントラルタワーズ15-52F 🚉各線・名古屋駅からすぐ
🅿あり(有料) in15:00 out12:00
🛏769室 予料ダブル2万6000円～、ツイン4万3000円～

1.広さ約38㎡のデラックスツイン。バスルームにはシャワーブースを設置している
2.客室はすべて20階以上にあり、華やかな名古屋の夜景を一望することができる
3.高級感が漂う15階のフロント
4.キュイジーヌ・ナチュレル(自然と同化した料理)がポリシーのフランス料理「ミクニナゴヤ」
5.アール・ヌーヴォーの雰囲気に満ちた店内

名古屋駅と栄の中間に建つ
インターナショナルホテル

ヒルトン名古屋

ヒルトンなごや

伏見 **MAP** 付録P.9 F-4

名古屋城から着想を得た和テイスト
の洗練されたデザインが採用された。
館内のレストラン、バーはすべてヒル
トン直営。宿泊客は屋内プールとジム
が無料で利用可能。

☎052-212-1111
所中区栄1-3-3 交地下鉄・伏見駅から徒歩
3分 Pあり(有料) in15:00 out12:00
室460室
予算シングル2万2374円〜、
ツイン3万1075円〜

1. 名古屋城の屋根や石垣、侘び寂びの世界
を意識したプレミアムエグゼクティブツイン
2. パノラマビューとともに、カクテルメニュー
などが楽しめるエグゼクティブラウンジ
3. スタイリッシュなパールホワイトの建物
4. 目の前で焼き上げる炎のエンターテインメ
ント・鉄板焼きは3階の日本料理「源氏」で
5. 最新トレーニングマシーン、屋内温水プー
ル、サウナなどを完備したフィットネスセン
ターは2020年に改装
6.1階インプレイス3-3では、食材へのこだわ
りにあふれたプレミアムビュッフェが楽しめる

名古屋駅から徒歩圏内
心からくつろげる大人の空間

ザ サイプレス
メルキュールホテル名古屋

ザ サイプレス メルキュールホテルなごや

名古屋駅周辺 **MAP** 付録P.8 C-2

洗練されたヨーロピアン調の館内、観光からビジネスまで目的に合わせて選べる客室が充実。ゆとりある大きめのベッドサイズが完備され、寝心地のよさも抜群。2023年秋には、7〜11階の客室など、一部がリニューアル。

☎052-571-0111
🏠中村区名駅2-43-6
🚉各線・名古屋駅から徒歩4分 🅿あり(有料、高さ制限あり) 🕒15:00 🕛12:00
🛏115室(禁煙99室、喫煙16室)
💰スタンダードダブル9165円〜、デラックスツイン1万1390円〜 ※1泊朝食付

1.2台のベッドを寄せて、空間を贅沢に利用できるハリウッドタイプ・デラックスツイン
2.華やかな花がお出迎えするロビー
3.ホテル内にはレストランが2つ、宴会場が3つあり、旬の食材や地元の食材を使ったフランス料理ベースの洋食が味わえる

泊まる●名古屋ステイ

トレインビューや夜景など
絶景を楽しむ天空のホテル

名古屋プリンスホテル
スカイタワー

なごやプリンスホテル スカイタワー

名古屋駅周辺 **MAP** 付録P.2 B-2

名古屋駅から一駅「ささしまライブ駅」直結のホテルで、デザインコンセプトは「空の浮きふね」。客室は地上32〜36階にあり、鉄道が発着する名古屋駅や高層ビル群が見える客室、名古屋港方面を望む客室など多彩。

☎052-565-1110
🏠中村区平池町4-60-12
🚉あおなみ線・ささしまライブ駅直結
🅿あり(有料) 🕒15:00 🕛12:00
🛏170室(全室禁煙)
💰シングル・ツイン1万7857円〜

1.31〜36階の高層階に位置する
2.ライブキッチンやフォトジェニックなジェラートが人気のSky Dining 天空
3.名古屋ステーションビューの客室は船のキャビンがコンセプトになっている

格調高い国際級ホテルで
ヨーロピアンエレガンスを堪能

名古屋東急ホテル

なごやとうきゅうホテル

栄 **MAP** 付録P.11 F-4

機能性に優れたスタンダードルームから優雅なモダンクラシカルのスーペリアフロアなど、変化に富んだ客室タイプを誇る。多彩なレストラン、カフェ、バーとショップが揃い、上質なおもてなしで迎えてくれる。

☎052-251-2411
㉑中区栄4-6-8 ㊞地下鉄・栄駅から徒歩8分 Ｐあり(有料) in15:00 out12:00
㊟564室(禁煙516室、喫煙48室) 予算シングル2万4000円～、ツイン2万9500円～

1.「モンマルトル」で人気のローストビーフ
2.広小路通沿いの便利な立地
3.伝統と現代のエッセンスが融合したフレンチが楽しめるレストラン「ロワール」
4.パリのエスプリが効いたカジュアルダイニングレストラン「モンマルトル」
5.スタイリッシュモダンなホテル最上位クラスのエグゼクティブフロアにある、家具やベッドなど、細部までこだわった上品な客室。専用ラウンジをはじめさまざまな特典が利用できる

名古屋の副都心にそびえる
ワンランク上の贅沢ステイ

ANAクラウンプラザホテルグランコート名古屋

エーエヌエークラウンプラザホテルグランコートなごや

金山 **MAP** 付録P.16 B-1

館内はスタイリッシュなニューヨークテイスト。高層階からは名古屋市街、飛騨山脈、名港トリトンを一望できる絶好のロケーション。名古屋駅や中部国際空港へのアクセスも抜群。

☎052-683-4111
㉑中区金山町1-1-1 ㊞各線・金山駅からすぐ Ｐあり(金山駅南駐車場利用、有料)
in15:00 out12:00
㊟245室(禁煙201室、喫煙44室) 予算ベストフレキシブル料金※HPなどで要確認

1.スイートクラスの広さ(42㎡)を誇るエグゼクティブダブル
2.ラウンジのほかペストリーコーナーも併設するロビー
3.金山駅南口に位置する地上30階の高層ホテル
4.ふた月ごとに内容が変わるフェア料理
5.フレンチベースのフュージョン料理が楽しめるレストラン「スターゲイト」

名門ホテルで過ごす特別な夜

名古屋随一の歴史と伝統が息づく
クラシックとモダンが融合したホテル

名古屋観光ホテル
なごやかんこうホテル

伏見 **MAP** 付録P.10A-4

「ウェルネスな大人の時間を過ごす」をテーマにした優雅なスイートフロアから機能的なコンフォートフロアまで多彩なスタイルをご用意。和の伝統美が華を添える日本料理店をはじめ、カジュアルモダンなブラッセリーなど、シーンに合わせた空間と美食を心ゆくまで。

☎052-231-7711
🏠中区錦1-19-30
🚃地下鉄・伏見駅からすぐ Ｐあり
🕒15:00 out12:00 🛏257室
💰シングル2万2770円〜、ダブル3万360円〜、ツイン3万4155円〜

1. 国内外の賓客も宿泊したホテル
2. 選りすぐりの食材を目の前で焼き上げる、鉄板焼「昇龍」
3. オーセンティックでクラシカルな気品あふれる空間

泊まる●名古屋ステイ

アクセス抜群の宿泊先
ホテルリスト

アメニティが充実している宿や館内の食事が好評な宿など、カジュアルながらホスピタリティあふれる滞在先を選びたい。

名古屋JRゲートタワーホテル
なごやジェイアールゲートタワーホテル

名古屋駅直結!
JRゲートタワー(P.34)ビル内に位置する。ビジネス・レジャーへの利便性の高いくつろぎのホテル。

名古屋駅周辺 **MAP** 付録P.8 C-3

☎052-566-2111 🏠中村区名駅1-1-3 🚃各線・名古屋駅直結
Ｐあり(タワーズ一般駐車場利用、有料) 🕒15:00 out11:00
🛏350室(全室禁煙) 💰ダブル1万3500円〜、ツイン1万8000円〜

サイプレスホテル名古屋駅前
サイプレスホテルなごやえきまえ

海外リゾートに来た気分に旧サンルートプラザ名古屋。吹き抜けのロビーから自然光が差し込む心地よい空間が広がる。

名古屋駅周辺 **MAP** 付録P.8 C-2

☎052-571-2221 🏠中村区名駅2-35-24 🚃各線・名古屋駅から徒歩5分 Ｐあり(有料) 🕒14:00 out11:00 🛏275室(禁煙166室、喫煙109室) 💰シングル1万1550円〜、ツイン2万2000円〜

ザ ロイヤルパーク キャンバス 名古屋
ザ ロイヤルパーク キャンバス なごや

旅の疲れを癒やす環境が充実桜通沿いに立地し、自由で創造的な時間を提案する新しいスタイルのホテル。

名古屋駅周辺 **MAP** 付録P.9 D-3

☎052-300-1111 🚃各線・名古屋駅から徒歩5分 Ｐなし 🕒15:00 out11:00
🛏153室(全室禁煙) 💰シングル2万2000円〜、ツイン3万3000円〜

ホテルトラスティ名古屋 栄
ホテルトラスティなごやさかえ

観光もビジネスも好アクセス最寄り駅から徒歩1分にありながら、街の喧騒から離れたくつろぎの時間を過ごせる。

栄 **MAP** 付録P.11 D-3

☎052-968-5111 🏠中区錦3-15-21 🚃地下鉄・栄駅から徒歩1分
Ｐあり(有料) 🕒15:00 out11:00 🛏204室(禁煙151室、喫煙53室) 💰ダブル1万6000円〜、ツイン2万円〜

ノスタルジック
な街並みと
都市のような
空の玄関口

郊外へ

❖

木曽川に寄り添い、歴史情緒と
豊かな文化が薫る街に、伝統・常滑焼の
魅力がそこかしこに息づく散歩道。
食事、買い物、癒やしのスポットが
充実した空港。
名古屋からひと足のばして
出かけたいエリアをご紹介。

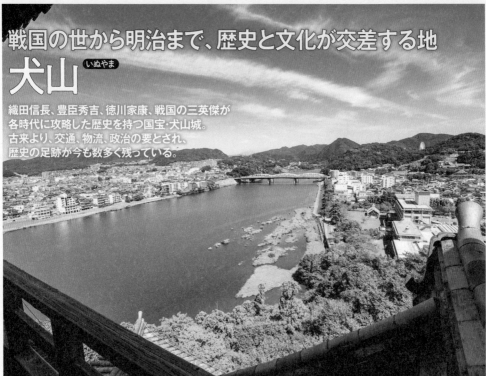

戦国の世から明治まで、歴史と文化が交差する地

犬山 (いぬやま)

織田信長、豊臣秀吉、徳川家康、戦国の三英傑が
各時代に攻略した歴史を持つ国宝・犬山城。
古来より、交通、物流、政治の要とされ、
歴史の足跡が今も数多く残っている。

🔼犬山城天守からの眺めは格別。眼下を流れる木曽川、岐阜城、名古屋駅周辺の高層ビル群ほか、晴れた日には長野県の御嶽山までも見渡せるという

城郭建築から茶室、近代建築まで
日本の歴史的建造物が市内に集結

愛知県北西部、木曽川が濃尾平野へ流れ出る位置に広がる犬山市は、国宝犬山城とその城下町の発展とともに形成された。本町通りを中心とする城下町の歴史的街並みを散策したり、勇壮な犬山祭、木曽川鵜飼など、文化財にも指定された連綿と続く伝統行事が、今も多くの観光客を集めている。近代日本建築の粋が集結した博物館 明治村や国宝如庵のある日本庭園 有楽苑なども訪ねたい。

（ 交通information ）

電車 名鉄名古屋駅から名鉄犬山線・快速特急で犬山駅まで26分
車 名古屋駅から名古屋高速都心環状線、名古屋高速11号小牧線、国道41号、県道27号経由で45分

🔼犬山城を背景に打ち上げられる花火

周辺図 P.2-3

0　　300m
1:30,000

岐阜県
各務原市

★木曽川鵜飼 P.144

善光寺山公園

★木曽川遊歩道 P.144

犬山遊園駅

卍瑞泉寺
卍犬山成田山

ライン大橋北

国宝犬山城 P.143 ★

各務原市民プール

針綱神社

★日本庭園 有楽苑 P.143

ライン大橋

観光案内所

犬山神社

★城とまちミュージアム P.144

卍妙感寺

愛知県
犬山市

丸山天白

P.144 香味茶寮 壽俵屋
犬山井上邸

S 小島醸造 P.144

P.143 本町通り ★

★旧磯部家住宅 P.143

★どんでん館 P.144 SC

犬山キャスタ

四日市

本町

犬山駅西

犬山駅

犬山駅東

犬山高

先聖寺

犬山市役所

薬師寺本堂

名鉄犬山線

犬山中

犬山西小

上小田井駅

小牧駅

名鉄小牧線

名鉄広見線

新可児駅

↑桜の時期には犬山城北側の清流木曽川河畔一帯に約400本のソメイヨシノが咲き誇る

木曽川の絶景を一望する
戦国時代創建、唯一無二の天守

国宝 犬山城
こくほう いぬやまじょう

天文6年(1537)に織田信長の叔父・信康によって築城されたといわれる。木曽川のほとりにある小高い山に築かれた堅牢な城は戦国時代より合戦の舞台となり、めまぐるしく城主を変えた。日本最古の天守とされ、昭和10年(1935)国宝に指定。

↑石垣からの侵入者を防ぐ石落とし

↑2階は武具の間を囲むように武者走りがめぐる

MAP 本書P.142 A-1
☎0568-61-1711(犬山城管理事務所)
㋐犬山市犬山北古券65-2 ㋐9:00〜17:00(入場は〜16:30) ㋘12月29〜31日 ㋟550円
㋱名鉄・犬山駅から徒歩20分 Ⓟあり(有料)

織田信長の実弟が建てた茶室
美しい庭園の風情を楽しむ

日本庭園 有楽苑
にほんていえん うらくえん

国宝 犬山城の東に位置する日本庭園有楽苑。織田有楽斎が建てた日本三名席のひとつである国宝茶室・如庵のほか、重要文化財の旧正伝院書院、古図によって復元した元庵や新しく建てられた弘庵などが配されている。

MAP 本書P.142 B-1
☎0568-61-4608
㋐犬山市御門先1 ㋐㋟㋟要問い合わせ
㋱名鉄・犬山遊園駅から徒歩8分
営業情報については公式HPまたは電話にて要確認

↑重要文化財旧正伝院書院(手前)と国宝茶室・如庵(奥)

↑国宝茶室・如庵は昭和47年(1972)に犬山へ移築された

江戸期の建築様式を今に伝える
登録有形文化財の商家

旧磯部家住宅
きゅういそべけじゅうたく

呉服やお茶の販売を手がけた商家で、主屋は幕末の慶応年間(1865〜68)築。狭い間口に対し奥行きは細長い、江戸時代の商家特有のうなぎの寝床。

MAP 本書P.142 A-2
☎0568-65-3444 ㋐犬山市犬山東古券72
㋐9:00〜17:00(入館は〜16:30)
㋘12月29〜31日 ㋟無料
㋱名鉄・犬山駅から徒歩10分 Ⓟなし

↑ゆるやかなふくらみの起(むく)り屋根が現存

↑往時の商家の暮らしぶりが見てとれる

城下町のメインストリート

本町通り
ほんまちどおり

本町通り交差点から針綱神社まで続く犬山城下町のメインストリート。登録文化財の商家や車山蔵をはじめ、町家を活用したカフェやみやげ物屋が歴史的景観をつくり出している。

MAP 本書P.142 A-2
☎0568-61-6000(犬山駅観光案内所)
㋐犬山市犬山城下町地区 ㋱名鉄・犬山駅から徒歩10分 Ⓟなし

↑電線が埋設され、より情風ある空間に

武家・町人文化が花開いた
犬山の歴史をガイダンス

城とまちミュージアム
しろとまちミュージアム

旧犬山城主・成瀬家がかつて所有していた古文書や美術工芸品、犬山の歴史資料を展示。巨大ジオラマは、天保11年(1840)の旧暦8月28日の犬山祭当日を再現したもの。

MAP 本書P.142 A-1

☎0568-62-4802　住犬山市犬山北古券8
営9:00～17:00(入館は～16:30)　休12月29～31日(展示物の変更による休館あり)
料300円　交名鉄・犬山駅から徒歩15分　Pあり

→テーマを設け企画展を年に数回開催

↑江戸時代の城下町を再現した巨大ジオラマ

豪華絢爛な車山を間近に
光と音で犬山祭の一日を演出

どんでん館
どんでんかん

毎年4月開催の国の重要無形民俗文化財「犬山祭」の車山を4輌展示(修理などにより3輌以下の場合あり)。車山をかけ声とともに180度回転させることを「どんでん」と呼ぶ。

MAP 本書P.142 A-2

☎0568-65-1728　住犬山市犬山東古券62
営9:00～17:00(入館は～16:30)
休12月29～31日　料100円
交名鉄・犬山駅から徒歩10分　Pなし

→車山には365個の提灯がともる

1300年続く伝統漁法
犬山の夏の風物詩

木曽川鵜飼
きそがわうかい

鵜匠が手縄をつけた10羽の鵜に魚を捕らせる伝統漁。夜の鵜飼では、鵜舟の焚くかがり火がゆらめく幻想的な光景が眼前に広がる。

MAP 本書P.142 B-1

☎0568-61-2727(木曽川観光株式会社)
住犬山市犬山北白山平2番地先
営6月1日～10月15日昼11:30～、夜17:45(9・10月は17:15)～、または19:00(9・10月は18:30)～　※要予約
休無休(台風や増水時の休業あり)
料昼6000円(食事付)、夜3500円(食事代は別途)　交名鉄・犬山遊園駅から徒歩3分　Pあり

↑昼の鵜飼も全国に先駆けて実施

→夜の船上食事プランの一例。寶屋の「わん丸君御膳」2500円(2名以上)

立ち寄りスポット

香味茶寮 壽俵屋
犬山井上邸
こうみさりょう じゅひょうや いぬやまいのうえてい

守口漬、奈良漬で知られる「壽俵屋」直営の食事処。地元食材と漬物とのオリジナルメニューが人気。

MAP 本書P.142 A-2

☎0568-62-7722　住犬山市犬山西古券6
営10:00～17:00　休無休
交名鉄・犬山駅から徒歩10分　Pあり

↑守口漬と奈良漬を挟んだ醤油おこげ串200円

四季を愛でる犬山の名所へ

木曽川遊歩道
きそがわゆうほどう

犬山遊園駅から犬山城へ続く木曽川沿いの遊歩道。春は400本の桜が満開を迎え、お花見人力車も行き交う。

MAP 本書P.142 B-1

☎0568-61-6000(犬山駅観光案内所)
住犬山市犬山
交名鉄・犬山遊園駅から徒歩3分　Pなし

犬山寂光院
いぬやまじゃっこういん

「凛」とした霊気あふれる、尾張最古刹の千手観音霊場。別名「尾張のもみじでら」と呼ばれ、秋には約1000本のモミジが色鮮やかに染まる。

MAP 本書P.2 A-2

☎0568-61-0035　住犬山市継鹿尾杉の段12　営8:00～17:00　休無休　料無料
交名鉄・犬山遊園駅から徒歩20分
Pあり(一部有料)

小島醸造
こじまじょうぞう

尾張最古の銘酒とされる葱蒭酒は、忍冬(スイカズラ)の花と米のリキュール。滋養に富み、徳川将軍家にも献上された。

→慶長2年(1597)創業の造り酒屋

MAP 本書P.142 A-2

☎0568-61-0165
住犬山市犬山東古券633
営10:00～17:00
休不定休　交名鉄・犬山駅から徒歩10分
P10台

→薬用酒としても有名な葱蒭酒 小瓶360ml1750円

郊外へ●犬山

明治の建造物や文化を残し、伝える

博物館 明治村
はくぶつかん めいじむら

国内テーマパークの先駆け的存在。
江戸時代からの伝統技術に
西洋文化が融合した
明治期の近代建築が集まる。

帝国ホテル中央玄関
ていこくホテルちゅうおうげんかん

20世紀建築界の巨匠、ア
メリカの建築家フランク・ロ
イド・ライト設計

60以上の建造物を移築・保存
明治時代へタイムトリップ！

　日本近代建築の礎ともいえる明治期の芸術上・歴史上価値の高い建造物が広大な敷地に移築・保存されている。「食道楽のコロッケー」など、当時のレシピを再現・アレンジしたメニューが味わえるグルメスポットも点在。2015年に開村50周年を迎え、作家の阿川佐和子氏が4代目村長に就任。

MAP 本書P.2A-2

☎0568-67-0314 所犬山市内山1 開9:30〜17:00
（季節などにより変動あり）休夏季、冬季は休村日あり、要確認 料要確認 交名鉄・犬山駅から岐阜バス・明治村行きで20分、終点下車すぐ Pあり（有料）

西郷従道邸
さいごうつぐみちてい

西郷隆盛の弟・
従道が自邸内に
建てた本格的な
洋館。社交場と
して使われた

三重県庁舎
みえけんちょうしゃ

廃藩置県により
地方行政の整備
が急務となった
時勢に建設され
た洋風庁舎のひ
とつ

注目
ポイント

乗って、着替えて、楽しみ方いろいろ
蒸気機関車や京都市電、村営バスで村内を移
動。女学生姿や書生服など明治時代風の衣装に
着替えて記念写真も楽しめる。
ハイカラ衣装館 開開村の30分後〜閉村の30分
前 料有料（要確認）※散策コースもあり（数量・
サイズに限りあり）
村内のりもの 料SL・市電・バスの料金は要確認

↑イギリスから輸
入されたSL12号
※運休の場合あり

↓袴姿で村内見
学（散策コース）

聖ヨハネ教会堂
せいヨハネきょうかいどう

1階は日曜学校や幼稚園、
2階は会堂として使われた
京都河原町五条の教会堂

品川燈台
しながわとうだい

フランス人技術
者によって設計
された現存する
最古の洋式燈台

145

日本最古の歴史を誇る「日本六古窯」のひとつ

常滑 _{とこなめ}

今も250を超える窯が稼働し、
隆盛を極めた往時の風情が色濃く残る。
そぞろ歩きの楽しい焼物の街で、
お気に入りの逸品を見つけたい。

⤴やきもの散歩道には、常滑焼のシンボルともいうべきレンガ造りの煙突や廃窯があちこちに点在し、ノスタルジックな雰囲気が漂う

今なおレンガ煙突が点在する
近代産業遺産の宝庫を巡る

　陶業の中心地として栄えた常滑は、信楽、備前、瀬戸などとともに、日本六古窯のひとつに数えられる。鉄分を多く含む陶土は、釉薬をかけずに堅く焼き締めると伝統的な朱泥の焼物となり「煎茶は常滑焼の朱泥の急須に限る」といわれ、重宝された。招き猫の一大産地としても知られ、国内シェアは80%を占める。常滑市陶磁器会館が起点のやきもの散歩道（所要1時間30分）には見どころが多い。

交通 information

電車 名鉄名古屋駅から名鉄常滑線・特急で常滑駅まで30分
車 名古屋駅から名古屋高速3号大高線、知多半島道路、知多横断道路経由で40分

⤴毎年10月に開催される常滑焼まつりでは、常滑焼の作家、問屋などが一堂に会する大即売市が開かれる

周辺図 P.2-3
0　　200m
1:20,000
N

S TOKONAME STORE P.149
原松町
247
常滑市

P.149
★北條陶房
陶磁器会館前
★常滑市陶磁器会館 P.147
新瀬木橋東 ①

P.147 土管坂
廻船問屋瀧田家
常滑局
S 常滑屋 P.149
卍相持院
栄町1
卍光明寺
⊗常滑東小
常石神社 卍
常滑駅前
S morrina P.148

常滑警察署西
常滑署
やきもの散歩道西口
とこなめ陶の森 ★ P.147

名鉄空港線
★登窯 P.147
栄町7
大善院 卍

神明社
栄町5
S SPACE とこなべ P.148
奥栄町 ②

中部国際空港駅
競艇場
文化会館
●文化会館
文化会館東
常滑西小 ⊗
卍宝樹院

INAXライブミュージアム前
P.147 INAXライブミュージアム

卍宝全寺
市場
山方橋
奥条4
大洛川

Ⓐ
⊕常滑市場局
Ⓑ

やきもの散歩道の名物 常滑を代表する光景

土管坂
どかんざか

廻船問屋瀧田家から徒歩1分ほどの場所にあり、明治時代の土管と昭和初期に作られた焼酎瓶が壁面にびっしりと埋め込まれている。路面は滑らないように「ケサワ」と呼ばれる土管焼成時の捨て輪が敷きつめられている。

MAP 本書P.146 A-1

☎0569-34-8888（常滑市観光プラザ）　所常滑市栄町4　開休料見学自由　交名鉄・常滑駅から徒歩15分　Pやきもの散歩道駐車場（有料）、陶磁器会館駐車場（有料）を利用

↑ふるさとの坂道30選のひとつ。明治時代から焼酎瓶の生産が始まったとされる

↑レンガ造りの窯場と煙突の光景は焼物の街ならでは

常滑焼の振興と伝承、焼物文化を発信する

とこなめ陶の森
とこなめとうのもり

資料館、陶芸研究所、研修工房の3施設の総称。資料館、陶芸研究所では、平安時代末期からの常滑焼の貴重な資料を展示。資料館は2021年10月にリニューアルオープン。

↑資料館の常設展示室

MAP 本書P.146 B-2

☎0569-34-5290（資料館）　所常滑市瀬木町4-203　開9:00〜17:00　休月曜（祝日の場合は翌日）　料無料　交名鉄・常滑駅から知多バス・知多半田駅行き「INAXライブミュージアム前」下車、徒歩10分　Pあり

常滑市内でも唯一 最大級の登窯が現存

登窯
のぼりがま

陶榮窯と呼ばれる、明治20年（1887）頃に造られた大型の登窯。昭和49年（1974）まで使用されており、国の重要有形民俗文化財に指定された。内部を見ることもできる。

↑17度の傾斜地に8つの焼成室がある

MAP 本書P.146 A-2

☎0569-34-8888（常滑市観光プラザ）　所常滑市栄町6　開休料見学自由　交名鉄・常滑駅から徒歩15分　Pやきもの散歩道駐車場（有料）、陶磁器会館駐車場（有料）を利用

参加型の体験施設で 土と焼物の世界にふれる

INAXライブ ミュージアム
イナックスライブミュージアム

「世界のタイル博物館」や「陶楽工房」「建築陶器のはじまり館」など6つの館があり、展示やワークショップなどが楽しめる。「窯のある広場・資料館」の窯と建物、煙突は、国登録有形文化財と近代化産業遺産に指定された建物。

↑ランドマークの煙突が立つ窯のある広場

↑紀元前から近代までの、装飾タイルを集めた「世界のタイル博物館」

MAP 本書P.146 B-2

☎0569-34-8282　所常滑市奥栄町1-130　開10:00〜17:00（入館は〜16:30）　休水曜（祝日の場合は開館）　料700円　交名鉄・常滑駅から知多バス・知多半田駅行きで5分、INAXライブミュージアム前下車、徒歩2分　Pあり

焼物の街を散歩

朱泥の急須や招き猫といった伝統的な地場産業製品から現代作家の常滑焼まで、多彩な作品の展示即売を行っている。やきもの散歩道の出発点でもある。

常滑市陶磁器会館
とこなめしとうじきかいかん

MAP 本書P.146 A-1

☎0569-35-2033　所常滑市栄町3-8　開9:00〜17:00　休無休　料無料　交名鉄・常滑駅から徒歩5分　Pあり（有料）

常滑焼の魅力を伝えるショップへ
陶器の美に感動する

伝統の逸品から、現代的なデザインのものまで、街を巡れば幅広い作風の常滑焼に出会える。
窯場やギャラリーを訪ねて、いつまでも大切に使いたいとっておきの器を探したい。

鯉江廣氏作 急須
鯉江作品8800円〜
鯉江氏の炭化焼締広口急須。「いぶし」という技法で黒光りの美しさに仕上げている

堀田憲児氏作 練り込み飯茶碗
堀田作品2500円〜
何色もの色土を重ね合わせて作る「練り込み」という技法に特化した堀田氏による飯茶碗

水野陽景氏作 急須
水野作品1万1000円〜
上品なフォルムでファンも多い水野氏の急須。白っぽく光り輝く独特の表情も素晴らしい

多彩な常滑焼製品を展示販売

水上勝夫氏作 一輪ざし(上)小皿(下)
水上作品4400円〜
NHKテレビで陶芸講師を務めた水上氏の灰釉の一輪ざし。灰釉の素朴な表情が魅力(上)。梨灰釉による独特の上品な雰囲気を醸し出す小皿。和食や和菓子用のアイテムにおすすめ(下)

田鶴濱守人作 鉢
4400円
釉の渋い色合いが魅力の作品。幅広い用途で使える鉢

鶴見宗次作 丼
5500円
手びねり独特のやさしい風合いが魅力。手作りの味わいを感じさせる品

良心的な価格の作家作品

千葉光広作 後手ポット
11000円
千葉氏のポットは、やわらかな質感、取っ手の持ちやすさ、茶漉し部のていねいな処理が特徴

梅原二郎作 急須
6600円
焼成の工夫によるグラデーションが美しい「窯変」技法の急須

小山乃文彦作 粉引 茶碗
3300円
小山氏の作品の特徴である粉引。その作品の白い色合いのやわらかさが人気

SPACE とこなべ
スペース とこなべ

MAP 本書 P.146 A-2

明治20年(1887)築の登窯に隣接した常滑焼のギャラリーショップ。2階では常滑焼作家が制作した煎茶碗から急須まで幅広く茶器を展示販売している。

☎0569-36-3222
🏠常滑市栄町7-204 🈺土・日曜、祝日10:00〜17:00 🈹平日不定休
🚃名鉄・常滑駅から徒歩10分 🅿あり

古い焼物の工場を利用した店内には、伝統的な作品が陳列する

morrina
モリーナ

MAP 本書 P.146 A-1

明治時代に建てられた土管工場をリノベーションした常滑焼のセレクトショップ。常滑焼を愛してやまないオーナーにより技法別、時代別の展示をしているのがおもしろい。

☎0569-34-6566
🏠常滑市栄町7-3 🈺10:00〜17:00
🈹水曜 🚃名鉄・常滑駅から徒歩10分
🅿やきもの散歩道大駐車場(有料)、陶磁器会館駐車場(土・日曜、祝日有料)を利用

「morrinaの器と暮らしのお話」という新聞も発行。情報発信にも入念な店

「常滑焼」のこと

日本六古窯のひとつ。起源は古く平安時代末期までさかのぼる。代表的な製品は、土管、タイル、植木鉢などに加えて朱泥急須をはじめとする茶器。常滑急須の特徴は茶こし部分で、茶こしを器と一体化して土で作り、こし穴が大きい。

縦書き帯：窯元が提案するモダン常滑焼

TOKONAME CUP 02
2200円

シンプルなデザイン食器を6色展開で提案する「TOKONAME」の170ccカップ

MOM kitchen 土鍋
9900円

カボチャの形をした土鍋。MOM kitchenは食卓に遊び心を提案するライン

TOKONAME CUP 03
2750円
基となる白泥を新しく調合し顔料を入れて多彩な色の土を作り焼き上げている

TOKONAME POT L
8800円

600ccの内容量がある大きめのポット。食卓を彩るメインアイテムにおすすめ

縦書き帯：伝統的から現代的まで幅広く

朱泥急須
5000円〜

常滑焼を代表する朱泥製品。朱泥急須はまさに常滑焼ならではの逸品だ

盤シリーズ 皿
5000円〜

「常滑から世界へ料理のための器を発信しよう」をコンセプトに誕生した盤シリーズの皿

陶片僕シリーズ 皿
3000円

陶片を模して作られた「陶片僕シリーズ」。未完の美がなんともいえない哀愁を演出

陶片僕シリーズ 小皿
1500円
ギザギザの断面が醸し出すむき出しの自然美。陶片僕シリーズの器はすべて一点もの

TOKONAME STORE
トコナメ ストア

MAP 本書P.146 A-1

窯元「山源陶苑」によるショップ、コーヒースタンド、体験工房からなる常滑焼の魅力を発信する施設。ショップでは窯元のオリジナルブランド「MOM kitchen」「TOKONAME」商品をメインに販売。

☎0569-36-0655
⑩常滑市原松町6-70-2
🕘11:00〜18:00
🈲水曜
🚃名鉄・常滑駅から徒歩10分 🅿あり

常滑屋
とこなめや

MAP 本書P.146 A-1

古い土管工場を改装したショップ。1階には常滑焼の器でお茶や食事ができる飲食スペースとイベントフロアが、2階には常滑焼の展示販売スペースがあり、食器や茶器など多彩な焼物を販売。

☎0569-35-0470
⑩常滑市栄町3-111
🕘10:00〜16:00
🈲月曜
🚃名鉄・常滑駅から徒歩8分 🅿あり

名手の急須作りを見学

常滑焼を牽引してきた朱泥急須。その伝統的な職人技を目の前で見学できる工房へ。

北條陶房
ほくじょうとうぼう

MAP 本書P.146 A-1

伝統工芸士であり瑞宝単光章を受章した清水北條(源二)氏の工房。予約すればプロの職人によるロクロびきでの急須作りが見学できる。ユーモアあふれる陶工の制作話も楽しいので、ぜひ訪れてみたい。

☎0569-35-3185
⑩常滑市北条4-83
🕘9:00〜17:00 🈲土・日曜
🚃名鉄・常滑駅から徒歩6分 🅿なし

↑工房に隣接するギャラリー。窯入れ時など多忙なときは見学できないので前もって予約を

↻約20分ぐらいで急須のパーツすべてを作ってしまう名人のスゴ技は必見

おみやげチェック

北條陶房のギャラリーは北條氏の作品を展示。なかには販売してくれる作品もあるので、直接現地でたずねてみたい。急須の値段は4万〜10万円。

↑海藻をのせて焼いた藻掛の急須。その繊細な模様に注目

↓釉薬をかけずに朱泥のままで焼いた焼き締めの急須

↻独特の光沢を放つ黒窯変の急須。灰のかかり方で色合いが変化

縦書き：陶器の美に感動する

見どころ豊富なエンターテインメント空港
中部国際空港セントレア

ちゅうぶこくさいくうこうセントレア

飛行機に乗るだけではもったいない。
一日中楽しめる中部地方の空の玄関口をご案内。

遊びに行きたくなる進化した空港

成田・関西と並ぶ国際拠点空港として知られ、国内外の主要な都市と豊富な路線を有す。空港ならではの多彩な施設のほか、ボーイング787初号機実機の展示をメインとした複合商業施設「FLIGHT OF DREAMS」など、飛行機に乗らなくても楽しめる魅力ある施設が満載だ。

MAP 本書P.3 F-3
☎ 0569-38-1195 所 常滑市セントレア1-1
交 名鉄・中部国際空港駅直結 P あり(有料)

交通information

電車 名鉄名古屋駅からミュースカイで28分
車 名古屋駅から名古屋高速3号大高線、知多半島道路、知多横断道路、中部国際空港連絡道路経由で43分

4F スカイタウン
レンガ通り　スカイデッキ
みそかつ矢場とん
SORA MONO　ちょうちん横丁
国際線出発口　世界の山ちゃん
FLIGHT OF DREAMS
チェックインカウンター
3F 出発ロビー
国内線出発口
アクセスプラザ
国際線到着出口
センターピアガーデン
2F 到着ロビー
セントレアホール
国内線到着出口
セントレアギャラリー
センターピアガーデン
中部国際空港駅
ウェルカムガーデン
1F ウェルカムガーデン

スカイデッキ

離着陸する世界各国の飛行機を間近で見られる展望デッキ。滑走路との距離はわずか300m。機体が浮び上がる臨場感あふれる瞬間は見逃せない。

↑デッキ上には空港内の電力供給用のソーラーパネルが並ぶ

↑デッキの先端から誘導路はわずか50m。開放時間は7時〜22時30分

FLIGHT OF DREAMS
フライト・オブ・ドリームズ

ボーイング787初号機実機を展示した複合商業施設。展示エリア「フライパーク」と、シアトルをイメージしたショップ&レストランエリアの「シアトルテラス」からなる。

↑ボーイング787初号機実機を目の前に挙式を行うこともできる

シアトルテラス

シアトル発祥のスターバックスコーヒーのほか、ラーメンやうどん、フルーツジュースやパンケーキなどの飲食店が並ぶ。
営10:00〜18:30(店舗により異なる)

↑ボーイング創業の街・シアトルがエリアのコンセプトになっている

フライトパーク

実機の迫力を間近で体感できる。楽しく学びながら航空や空港にふれられるエリアとして2021年12月にリニューアル。
営10:00〜17:00　料無料(一部有料)

↑フライトパークの1階に展示されているボーイング787初号機の実機

Spa

セントレアの展望風呂が営業再開。総合リラクゼーション施設「くつろぎ処」としてリニューアルオープン。

SOLA SPA 風の湯
日本初の飛行機を望める展望風呂。展望デッキでは、伊勢湾に沈む夕日や、飛行機の離発着を望むことができる。

⊕ 風の湯の全景。大きな湯船でのんびりしたい

Event

季節ごとの催し物や音楽祭、空港をより楽しむことができるイベントも開催している。

セントレア盆踊り
セントレアの夏の風物詩。日本一飛行機に近い場所で開催する盆踊り。スカイデッキにやぐらが立ち、太鼓の生演奏も。

セントレア航空音楽祭
2011年1月に始まった音楽祭で、2016年からは、ジャズ、コーラス、マーチングなどのジャンル別企画も誕生。年間を通じて、さまざまな音楽プログラムが用意されている。

航空ファンミーティング
セントレアに就航するエアラインやボーイングなど、航空業界にかかわる企業がブース出展やステージなどを行う。

Shopping&Gourmet

第1ターミナル内には空港ならではの魅力ある店舗が充実。国際空港ならではのワールドワイドな食にも注目集結。

レンガ通り
ファッション・雑貨を中心に、おみやげに最適な商品、旅行グッズなどの店が軒を連ねる。

⊕ ヨーロッパの路地裏を彷彿とさせる

⊕ 石畳や噴水が配され、異国情緒たっぷり

セントレア オフィシャル ショップ SORA MONO
空港のオリジナルキャラクター「セントレアフレンズ」商品を取り扱う。
☎0569-38-0451
所4F レンガ通り 営8:00～21:00

⊕⊕ 航空模型などのエアライングッズも要チェック

ちょうちん横丁
瓦屋根の長屋に行灯が配された江戸時代の下町風情漂うグルメエリア。和雑貨や常滑焼を取り扱うショップもある。

⊕ なまこ壁の蔵をイメージした建物も

⊕ テイクアウト可能なメニューも豊富

世界の山ちゃん
幻の手羽先のほか、みそ串かつやどて煮など、名古屋の味が楽しめる。2023年4月にリニューアルオープンし、イートインもできるように。
DATA→P152

⊕ 名古屋名物のぴりっとした手羽先。おみやげにも最適

⊕ 山ちゃんグッズも販売

みそかつ矢場とん
厳選した食材を使い、秘伝のみそだれがかかった名古屋名物みそかつが楽しめる。オリジナルグッズも販売している。
☎0569-84-8810
所4Fスカイタウン
営10:00～21:00

⊕ テイクアウトもでき、自宅でもお店の味を堪能することができる

名菓&名産をお持ち帰り
セントレアで
おみやげ探し

手羽先やスイーツなど、旅先で味わった楽しさをおみやげに。
東海地方の特産品や、空港だけの限定商品もチェックしたい。

郊外へ●中部国際空港セントレア

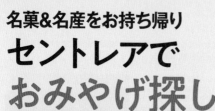

C 名古屋えび天
1188円(10枚)
えびせんべいをからりと
揚げた名古屋限定品。
エビの旨みが凝縮
桂新堂

C 名古屋プリン
810円(3個)
純系名古屋コーチンの卵
を使用。濃厚な味わい
で、とろける食感も楽し
めるおいしいプリン
メゾン・ド・ジャンノエル

A 幻の手羽先
605円(1人前5本)
辛さと風味が際立つ「幻
のコショウ」がやみつき
に。自慢の看板商品
世界の山ちゃん

B 特製ちくわ
810円(5本)
文政10年(1827)創業。新鮮な生
魚を昔ながらの製法で加工。そ
のまま食べてもおいしい
ヤマサちくわ

空港限定

A 幻のチューリップ
600円(4本)
ボリュームがあり、おつ
まみにも、ごはんのおか
ずとしても楽しめる人気
商品。世界の山ちゃん

C (左)純米吟醸「飛」
(右)純米大吟醸「飛」
2365円(720㎖)
3498円(720㎖)
地元の蔵元がセントレアオ
リジナルとして開発した限
定商品。やわらかな口当た
りとみずみずしい香りが特徴
関谷醸造

C 名古屋たまご
1004円(5個)
八丁味噌を用いた味噌床で
10日間じっくり漬け込んだ
たまご。ご飯にもよく合い、
おみやげにもおすすめ。
若菜

おみやげはココで購入

A 世界の山ちゃん セントレア店

せかいのやまちゃん セントレアてん
従来のテイクアウトに加え、イートインが可能
に。人気のおみやげも多数取り揃えている。
☎0569-38-1155　所4Fちょうちん横丁
営9:00〜21:00(イートイン11:00〜、イート
イン土・日曜、祝日10:00〜)

B ヤマサちくわ

小ぶりで食べやすい豆ちくわやおでん種など定
番商品のほかに、揚げたてはんぺんなども提供。
☎0569-38-8225　所4Fちょうちん横丁
営8:00〜21:00

C 銘品館
めいひんかん
東海地方の名菓や地酒、ご当地グルメなどおみ
やげに最適な商品が豊富。
☎0569-38-7126(代表)
所3F出発ロビー　営6:30〜21:00

※営業時間は異なる場合があります

アクセスと市内交通

都市の交通を
乗りこなせば
旅の楽しみ方が
広がる

各地からのアクセスが整い、
日帰りでも気軽に訪れることができる。
市内の移動は、電車がメイン。
観光エリアの起点駅と乗換駅を
確認しておきたい。

交通の便が良く、旅のスタイルに合わせてアプローチできる

名古屋へのアクセス

東海道新幹線の利用が最もポピュラー。関西からは近鉄特急ひのとりも有効活用したい。
遠隔地や地方から空路で向かう場合も、便に困ることなくプランニングできる。

新幹線・鉄道でのアクセス

運行数が多いため、日帰りにも心強い

名古屋駅には東海道新幹線ののぞみ、ひかり、こだまのすべてが停車。東京駅から乗車する場合は、所要時間が最も短いのぞみがおすすめ。関西方面からは新幹線のほかにも、大阪難波駅から出発する近鉄特急を利用することもできる。

北海道・東北方面から

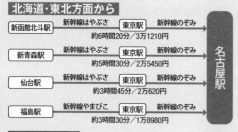

新函館北斗駅 ─ 新幹線はやぶさ ─ 東京駅 ─ 新幹線のぞみ ─ 名古屋駅
約6時間20分／3万1210円

新青森駅 ─ 新幹線はやぶさ ─ 東京駅 ─ 新幹線のぞみ ─ 名古屋駅
約5時間30分／2万5450円

仙台駅 ─ 新幹線はやぶさ ─ 東京駅 ─ 新幹線のぞみ ─ 名古屋駅
約3時間45分／2万620円

福島駅 ─ 新幹線やまびこ ─ 東京駅 ─ 新幹線のぞみ ─ 名古屋駅
約3時間30分／1万8980円

関東方面から

東京駅 ─ 新幹線のぞみ ─ 名古屋駅
約1時間40分／1万1300円

新横浜駅 ─ 新幹線のぞみ ─ 名古屋駅
約1時間20分／1万640円

中部方面から

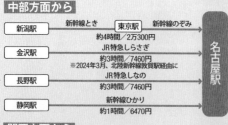

新潟駅 ─ 新幹線とき ─ 東京駅 ─ 新幹線のぞみ ─ 名古屋駅
約4時間／2万300円

金沢駅 ─ JR特急しらさぎ ─ 名古屋駅
約3時間／7460円
※2024年3月、北陸新幹線敦賀駅経由に

長野駅 ─ JR特急しなの ─ 名古屋駅
約3時間／7460円

静岡駅 ─ 新幹線ひかり ─ 名古屋駅
約1時間／6470円

関西方面から

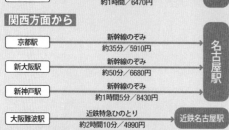

京都駅 ─ 新幹線のぞみ ─ 名古屋駅
約35分／5910円

新大阪駅 ─ 新幹線のぞみ ─ 名古屋駅
約50分／6680円

新神戸駅 ─ 新幹線のぞみ ─ 名古屋駅
約1時間5分／8430円

大阪難波駅 ─ 近鉄特急ひのとり ─ 近鉄名古屋駅
約2時間10分／4990円

四国・中国方面から

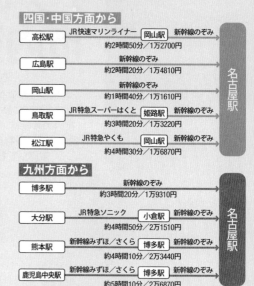

高松駅 ─ JR快速マリンライナー ─ 岡山駅 ─ 新幹線のぞみ ─ 名古屋駅
約2時間50分／1万2700円

広島駅 ─ 新幹線のぞみ ─ 名古屋駅
約2時間20分／1万4810円

岡山駅 ─ 新幹線のぞみ ─ 名古屋駅
約1時間40分／1万1610円

鳥取駅 ─ JR特急スーパーはくと ─ 姫路駅 ─ 新幹線のぞみ ─ 名古屋駅
約3時間20分／1万3220円

松江駅 ─ JR特急やくも ─ 岡山駅 ─ 新幹線のぞみ ─ 名古屋駅
約4時間30分／1万6870円

九州方面から

博多駅 ─ 新幹線のぞみ ─ 名古屋駅
約3時間20分／1万9310円

大分駅 ─ JR特急ソニック ─ 小倉駅 ─ 新幹線のぞみ ─ 名古屋駅
約4時間50分／2万1510円

熊本駅 ─ 新幹線みずほ／さくら ─ 博多駅 ─ 新幹線のぞみ ─ 名古屋駅
約4時間10分／2万3440円

鹿児島中央駅 ─ 新幹線みずほ／さくら ─ 博多駅 ─ 新幹線のぞみ ─ 名古屋駅
約5時間10分／2万6870円

問い合わせ先

JR西日本お客様センター☎0570-00-2486
JR東日本お問い合わせセンター☎050-2016-1600
JR東海テレフォンセンター☎050-3772-3910
JR四国電話案内センター☎0570-00-4592
JR九州案内センター☎0570-04-1717
近鉄電車テレフォンセンター☎050-3536-3957

お得な割引プランを利用

●ぷらっとこだま

東京〜新大阪の一部区間で、こだまの指定席にお得な運賃で乗れる。条件は、あらかじめ希望のこだま号を予約し、その便を利用すること。乗車時間の選択肢は豊富なうえ、1ドリンク引換券付き。
販売額：通常期8800円、繁忙期1万円（東京・品川〜名古屋間、片道）
発売期間：前日まで（インターネットは前日22時まで
購入方法：インターネット
JR東海ツアーズ www.jrtours.co.jp
※乗車変更や途中乗降不可。予約後の変更は取消扱いになる

飛行機でのアクセス

格安航空会社の登場で選択肢のひとつに

常滑市にある中部国際空港セントレアと、小牧市にある県営名古屋空港(小牧空港)が利用できる。どちらの空港も全国各地から1～2時間程度のフライトで着く。空港から名古屋の中心部へは、鉄道かリムジンバスを利用する。

出発地	到着地	便名	便数	所要時間	料金
新千歳空港	中部国際空港	ANA／JAL／ADO* SKY／AJP	14便／日	1時間55分	3万9200円～ (SKY=2万4500円～、AJP=5090円～)
函館空港	中部国際空港	ANA／ADO*	1便／日	1時間40分	3万6700円～
青森空港	県営名古屋空港	FDA**	3便／日	1時間30分	3万6000円
秋田空港	中部国際空港	ANA／ORC*	2便／日	1時間30分	3万2500円～
仙台空港	中部国際空港	ANA／IBX*／AJP	6便／日	1時間15分	3万3100円～(AJP=5690円～)
新潟空港	県営名古屋空港	FDA**	2便／日	1時間	2万7000円～
成田空港	中部国際空港	ANA／JAL	3便／日	1時間20分	2万1010円～
羽田空港	中部国際空港	ANA／JAL	3便／日	1時間	2万1010円～
出雲縁結び空港	県営名古屋空港	FDA**	2便／日	1時間5分	2万4300円～
高知龍馬空港	中部国際空港	FDA**	2便／日	1時間	2万7500円～
	県営名古屋空港	FDA**	1便／日	1時間	2万7500円～
松山空港	中部国際空港	ANA	3便／日	1時間	2万7700円～
福岡空港	中部国際空港	ANA／SFJ*／IBX*／JJP	13便／日	1時間20分	2万8800円～(JJP=5490円～)
	県営名古屋空港	FDA**	5便／日	1時間20分	2万8500円～
長崎空港	中部国際空港	ANA	2便／日	1時間10分	2万7100円～
那覇空港	中部国際空港	ANA／JTA SNA*／SKY／JJP／AJP	13便／日	2時間	4万5100円～(SKY=2万5500円～、 JJP=5080円～、AJP=5090円～)

※料金は通常期の片道の金額を表示しています　※中部国際空港発着路線では旅客施設使用料が別途加算されます　*ANAとの共同運航 **JALとの共同運航

名古屋へのアクセス

各空港からのアクセス

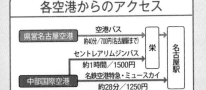

問い合わせ先
ANA(全日空)☎0570-029-222　ADO(エア・ドゥ)☎03-6741-1122
JAL(日本航空)☎0570-025-071　JTA(日本トランスオーシャン航空)☎0570-025-071
SNA(ソラシド・エア)☎0570-037-283　SFJ(スターフライヤー)☎0570-07-3200
FDA(フジドリームエアラインズ)☎0570-55-0489
SKY(スカイマーク)☎0570-039-283
AJP(ピーチ)☎0570-001-292　JJP(ジェットスター・ジャパン)☎0570-550-538
あおい交通☎0568-79-6464　名鉄お客さまセンター☎052-582-5151

高速バスでのアクセス

交通費を節約したい場合の手段として

移動時間は長いが、なんといっても料金の安さが魅力だ。たとえば夜行便を利用して、翌日の滞在時間を最大限に満喫するなど、アイデア次第で充実したプランが立てられる。

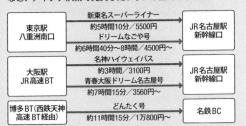

問い合わせ先
宮城交通☎022-261-5333
JRバス関東☎0570-048905
西日本JRバス☎0570-00-2424　JR東海バス☎0570-048939
名鉄高速バス予約センター☎052-582-0489
アルピコ交通☎0570-550-373　北陸鉄道☎076-234-0123
名阪近鉄バス名古屋営業所☎052-661-3191
伊予鉄道☎089-948-3100　西鉄お客さまセンター☎050-3616-2150

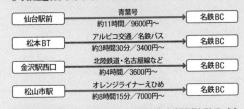

※運賃は片道の金額です　※矢印の色は、青が夜行便、赤が昼行便を示しています
※バスの発着所においてBCはバスセンター、BTはバスターミナルを表します

※飛行機はJTB時刻表2023年10月時点の料金、鉄道は通常期に指定席を利用した場合の料金です

名古屋の市内交通

地下鉄6路線と、なごや観光ルートバス「メーグル」を有効活用

市内の移動手段は地下鉄を基本に考え、バスや私鉄と合わせながら上手く使いこなしたい。
IC乗車券や1日乗車券などを利用し、手際よく行動できれば、旅もより充実するはず。

地下鉄

主要エリアを6つの路線でカバー

名古屋市営地下鉄は、東山線、名城線、名港線、鶴舞線、桜通線、上飯田線の6路線。東山線は市街中心部を東西に走る。名城線は全国で初めての地下鉄の環状運行で知られ、すべての地下鉄と接続。名港線は金山駅から名古屋港駅までの7駅を結ぶ。鶴舞線は市街西北部で、名鉄犬山線とも接続。桜通線は名古屋駅から東山線と並行してからは瑞穂区に向かう。上飯田線は名城線の平安通駅と名鉄小牧線の上飯田駅の1区間を結ぶ。市内の主な観光スポットは地下鉄から徒歩圏内の場所が多いため主な移動手段となる。

JR

地下鉄で向かうと時間がかかる場合に便利

観光エリア内の多くの駅で地下鉄と接続している。徳川園(P.66)に近い大曽根駅や花の名所・鶴舞公園(P.84)が近くにある鶴舞駅に向かう場合は中央本線を利用したい。熱田神宮(P.76)に近い熱田駅には東海道本線の普通列車が停車する。

私鉄

各路線との接続駅を把握しておきたい

名古屋市内を走る私鉄は、名鉄、近鉄、あおなみ線、リニモの4路線。名鉄は尾張地方、三河地方、岐阜方面へ路線が延び、名古屋駅から熱田神宮や有松方面へのアクセスに便利。また、栄町駅から大曽根駅を経由して瀬戸方面へも運行している。地下鉄へは名古屋駅、金山駅、栄駅、大曽根駅と接続。鶴舞線の赤池駅と上小田井駅は相互乗り入れをしており、乗り換えの必要がない場合も。近鉄は三重、奈良、大阪方面から運行。名古屋駅と八田駅で地下鉄と接続する。あおなみ線は、名古屋駅から南下しリニア・鉄道館(P.83)の最寄り駅である金城ふ頭駅までの11駅を結んでいる。リニモは2005年に開催された愛・地球博で活躍したリニアモーターカーの路線。地下鉄東山線の藤が丘と接続している。

市バス

名古屋市内の各地を網羅した心強い味方

名古屋駅、栄駅など主要な地下鉄の駅にはバスターミナルがあり、バス路線が各地へ延びている。料金は一律210円。IC乗車券manaca(マナカ)を利用すれば、市バスと市バスだけでなく、市バスと地下鉄の場合でも乗り継ぎ割引がある。

なごや観光ルートバス「メーグル」

金色のバスが観光スポットをひとめぐり

名古屋駅から平日は30分～1時間ごと、土・日曜、祝日は20～30分ごとに主要観光スポットを循環。1回乗車210円、1日乗り放題の1DAYチケットは500円。月曜と年末年始は運休で、月曜が祝日の場合は翌平日が運休。
名古屋観光情報 www.nagoya-info.jp/useful/meguru/

● **名古屋で使える乗換案内「なごや乗換ナビ」**

名古屋市交通局が提供するサービス。出発地から目的地までの地下鉄やバスルートを検索できる。アプリもある。
なごや乗換ナビ www.kotsu.city.nagoya.jp/jp/pc/route

電車・路線バス 問い合わせ先

名古屋市交通局 市バス・地下鉄テレホンセンター ☎052-522-0111
名鉄お客さまセンター ☎052-582-5151
近鉄電車テレフォンセンター ☎050-3536-3957
あおなみ線お問い合わせ窓口 ☎052-383-0960
愛知高速交通株式会社(リニモ) ☎0561-61-4781
JR東海テレフォンセンター ☎050-3772-3910

名古屋観光に便利なフリー乗車券

①まる乗り1DAYフリーきっぷ
価格:3200円 有効期限:1日 乗り放題範囲:名鉄全線。
10～16時の特別車の乗車もできる(座席指定不可)
発売場所:一部を除く名鉄主要駅

②名古屋市交通局 一日乗車券
価格:バス・地下鉄全線870円、バス全線620円、地下鉄全線760円 有効期限:1日(地下鉄全線券は24時間)
発売場所:地下鉄駅構内の交通局サービスセンターなど

アクセスと市内交通

名古屋近郊路線図

名古屋の市内交通／名古屋近郊路線図

凡例
- 新幹線
- JR線
- 名鉄線
- 近鉄線
- あおなみ線
- その他私鉄
- 名古屋市営地下鉄
  - 東山線
  - 名城線
  - 名港線
  - 桜通線
  - 鶴舞線
  - 上飯田線

中部国際空港
セントレア

157

INDEX

STAFF

編集制作 Editors
(株)K&Bパブリッシャーズ

取材・執筆 Writers
地球デザイン(篠原史紀　篠原由美)
Logosviral(近藤大介　長岡真衣)
稲盛伸二　遠藤優子
遠藤優子　立岡美佐子

撮影 Photographers
地球デザイン(篠原史紀)
Logosviral(近藤大介)
風光一宇

執筆協力 Writers
河野あすみ　好地理恵

編集協力 Editors
(株)ジェオ

本文・表紙デザイン Cover & Editorial Design
(株)K&Bパブリッシャーズ

表紙写真 Cover Photo
PIXTA

地図制作 Maps
トラベラ・ドットネット(株)
DIG.Factory

写真協力 Photographs
名古屋城総合事務所
関係各市町村観光課・観光協会
関係諸施設
PIXTA

総合プロデューサー Total Producer
河村季里

TAC出版担当 Producer
君塚太

TAC出版海外版権担当 Copyright Export
野崎博和

エグゼクティヴ・プロデューサー
Executive Producer
猪野樹

おとな旅 プレミアム
名古屋 第4版

2024年2月5日　初版　第1刷発行

著　　　者	TAC出版編集部
発 行 者	多 田 敏 男
発 行 所	TAC株式会社　出版事業部
	（TAC出版)

〒101-8383 東京都千代田区神田三崎町3-2-18
電話　03(5276)9492(営業)
FAX　03(5276)9674
https://shuppan.tac-school.co.jp

印　　　刷	株式会社　光邦
製　　　本	東京美術紙工協業組合

©TAC 2024　Printed in Japan　　ISBN978-4-300-10977-9
N.D.C.291　　　　　　　　落丁・乱丁本はお取り替えいたします。

本書に掲載した地図の作成に当たっては、国土地理院発行の数値地図(国土基本情報)電子国土基本図(地図情報)、数値地図(国土基本情報)電子国土基本図(地名情報)及び数値地図(国土基本情報20万)を調整しました。